3訂版
障がいの重い子のための「ふれあい体操」 CD付き

丹羽陽一・武井弘幸 著

黎明書房

障がいの重い子どもたちとともに
―― 3訂版出版に際して ――

　2000年にこの本が発刊されてから20年が経とうとしています。「ふれあい体操」の雛形ができてからは何と4半世紀経つことになります。

　この間に，医療の進歩とともに，少子化にもかかわらず，医療的ケアを必要とする子どもや重症児と呼ばれる子どもの数が増えてきています。また，重症児を主たる対象とする児童デイサービスも全国で400か所（2018年）を超えるようになりました。

　また，多くの特別支援学校，支援学級，障がい児（者）施設，療育センター，重症児デイサービス，ご家庭などでこの体操を活用しているとお聞きしています。そして多くの方々から，子どものよりよい変化の報告が寄せられ，大変うれしく思っています。何より，障がいの重い子どもたちが「ふれあい体操」を大好きになって，ゆったりと気持ちよさそうに楽しんでいる姿を見ると，うれしい限りです。お母さんや先生が「ふれあい体操」でふれる手には，愛情がいっぱい込められています。子どもたちに「愛してるよ」というメッセージが伝わります。お互いにホッとできる時間になっているようです。

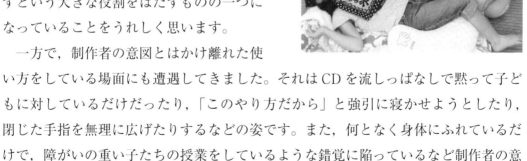

　そんな愛に包まれながら，いつのまにか身体のイメージを少しずつ学びなおし，自分で変えていく姿を見ると，子どもたちの育つ力の強さ，潜在的な力の大きさを感じます。「ふれあい体操」がその力を引き出すという大きな役割をはたすものの一つになっていることをうれしく思います。

　一方で，制作者の意図とはかけ離れた使い方をしている場面にも遭遇してきました。それはCDを流しっぱなしで黙って子どもに対しているだけだったり，「このやり方だから」と強引に寝かせようとしたり，閉じた手指を無理に広げたりするなどの姿です。また，何となく身体にふれているだけで，障がいの重い子たちの授業をしているような錯覚に陥っているなど制作者の意図と違った使い方をしている例もありました。

　「ふれあい体操」は子どもたちとの実践の中から生まれた体操であり，子どもに合

わせて形にしたものでした。しかし，形にすると，その形に子どもをあてはめようとしてしまいやすく，その結果子どもに負担を与えてしまうことになるという怖さを感じました。

　また，本やCDの形にして伝えることで，大勢の人の役に立つ反面，重要なポイントが伝わりにくくなるという限界も感じました。

　そこで，制作者の思いや考えをより深く理解していただき，一層子どもにプラスになるような使い方をしていただくために，「ふれあい体操研修会」を20年近く毎年続けてきました。研修会では，本だけではなかなか伝わりにくい，子どもに合わせて「ふれあう」体験を中心に行ってきました。

　研修会に参加された方々には「子ども体験」として「ふれあい体操」を体験してもらいました。心地よいふれ方とはどんな感じなのか，わずかなふれ方の違いで，違和感や不快感が強くなってしまうこと，ふれるということで何をしているのか，身体感覚とか身体像（ボディ・イメージ）とはどういうものなのかなど，すべて体験的に学んでいただきました。また，これらの理論的根拠を，解剖学や生理学などもふまえて学んでいただきました。

　そして，実際に歌を歌いかけ，音楽を楽しむという共感的空間の中で，やりとりを試みながら障がい児や研修生同士でふれあいました。

　「ふれ」ながら「歌う」，「歌い」ながら「ふれる」ことの相乗的な効果の中で，目の前の相手との「やりとり」が一層深くなっていくことを学んでいったのです。

　研修会に参加された方々からは，
　「今まで自分なりにやってきたのとはまったく違っていました。」
　「ふれるだけで，こんなに温かく心地よいとは思いませんでした。本当にふれるだけでいいんだと実感しました。」
　「ソフトなマッサージだと思っていました。違うんですね。」
　「目からうろこの連続でした。子どもはこんなふうに感じているんですね。」
　「子どもの身体にふれて，頭の中に働きかけ，やりとりしていくということがよくわかりました。」
　「これならどんなに障がいの重い子どもともやりとりできますね。はやく担当の子どもとふれあいたいです。」
など，ほとんどの方が身をもって「ふれあう」という貴重な体験をし，本だけでは伝わりにくいその意味を深く理解し，喜んで現場に帰っていかれました。

障がいの重い子どもたちとともに

　本書では，本で伝える限界を感じながらも，少しでも制作者の意図に沿った「ふれあい体操」を伝えたいと願い，「『ふれあい体操』の三つの重要なポイント」および「『ふれあい体操』の使い方（自立活動との関連）」などを付け加えました。

　また今回「ふれ愛リラックス体操」の歌詞の一部を変えました。歌詞のもつ言葉のイメージが大切だと思い，「しゅっしゅっ」を「ふわふわ」等に変えるとともに，間奏の部分を長くしました。詳しくは本文，CDでご確認願います。巻末には要望の多かった「ふれ愛リラックス体操」のピアノ譜も用意しました。

　「ふれあい体操」は子どもたちとの実践を繰り返していく過程で，さらに子どもが楽しく自分の体を認知し，みずから変わっていくお手伝いができるように進化し続けています。また，ご家族や支援者のみなさんも一層楽しく無理なくふれあえるように少しずつ改良を加えてきました。

　また，新たな「ふれあい体操」も子どもとの実践により生まれてきました。

　今までは4つの体操（「ふれ愛リラックス体操」「ふれ足体操」「ふれっ手体操」「変装しよう～顔あそび体操～」）を本で紹介してきました。それに対して「子どもが対象ではなく，青年や高齢者にも合うようなふれあい体操はないでしょうか」「もう少し間奏が長くあり，各部分をゆったりとふれる体操はありませんか」「うちの施設で，演歌が大好きな人がいるのですが……」などの感想や要望が聞こえてきました。そこで実験的に，青年版ふれ愛リラックス体操「ラ・ふれリラ」（ラップ調），成人版ふれ足体操「足立の忠太郎」（演歌調），短めでゆっくりの動きを入れた「小手的冒険（シャオシュの冒険）」（中華風），顔遊び「とこやさん」（ボサノバ調）などを武井が作成してきました。

　さらに従来の丹羽・武井コンビにとらわれず，乳幼児から小学校低学年を意識した「からださん元気ですか体操」（村林雅子作）や大人向けの「働き者のリラックス体操」（古屋周子作，古屋彰久歌，丹羽陽一構成）なども生まれてきました。丹羽の立ち上げた重症児デイサービスでは，わらべ歌風「あごの体操」「ねこのひげ」「くちびるやぎさん」（野々目晶子作），「ゆったり息をしよう」（古屋周子作），「舌骨山(ぜっこつやま)のごっくんこ」（丹羽陽一作）など呼吸，発音，表情などに深くかかわり，

食べる力や息をする力に関係する「ふれあい体操」も繰り返し試みられています。

このような形で様々な「ふれあい体操」が作られていくことはすばらしいことだと思います。ぜひみなさんも現場のお子さんとともに，新しいふれあい体操を作って楽しんでいただき，それを紹介していただけると作者としましてもうれしく思います。

「ふれあい体操」は，静的弛緩誘導法という教育の考え方による進め方と，音楽療法的な立場からのアプローチで，音楽や歌いかけと合わせるという工夫により，楽しみながら続けられるように作られたものです。その形はより良いものにするため，たえず改良がはかられ，変化して，現在の形になってきました。

これらは子どもとのやり取りの中で，大きな個々人の課題を乗り越えるきっかけになってきました。

呼吸が浅くて息苦しい思いをしている子，夜なかなか眠れない子，昼夜逆転してしまう子，緊張が強くて楽に座れない子，側わんなど身体に変形や拘縮(こうしゅく)が見られる子，手や足が伸ばしにくい子，食事がうまく摂(と)れない（飲み込めない，噛(か)めない）子，ふれられるのが苦手な子，人とのかかわりがむずかしい子，多動で動き回ってしまう子など，いろいろな子どもたちと「ふれあい体操」を楽しみながらそれぞれに合わせた使い方を工夫して行うことにより，その子の生活の改善につながっていくきっかけになることが多く報告されてきました。

この本の出版により，「ふれあい体操」が一層，子ども自身の身体像（ボディ・イメージ）の学習を深め，コミュニケーションの力をつけ，健康や生活動作の基礎を養っていく手助けになっていくように願ってやみません。

※なお本書には付属のCDがありますが，各曲とも歌入りのものとカラオケのものを収録しました。最初は歌入りの曲で体操を行ったのち，カラオケを利用して，あなたの声で子どもたちにたくさんの思いを届けるのにご活用ください。

2019年5月

丹羽陽一・武井弘幸

も　く　じ

障がいの重い子どもたちとともに——3訂版出版に際して—— …… *1*

第1章 「ふれあい体操」の三つの重要なポイント ———— 9
   1　「ふれあい体操」は，「心にふれあう（共感）」…… *10*
   2　「ふれあい体操」は，「やりとり＝コミュニケーション」…… *12*
   3　「ふれあい体操」は，「頭の体操」…… *15*

第2章 「ふれあい体操」について ———————— 19
   1　はじめに …… *20*
   2　注意と留意点 …… *22*
   3　対象 …… *22*
   4　ねらい …… *23*
   5　制作について …… *24*

第3章 「ふれあい体操」の考え方 ———————— 27
   1　身体の地図（ボディ・マップ）と身体像（ボディ・イメージ）…… *28*
   ⑴　ボディ・マップについて …… *28*
   ⑵　身体意識について …… *28*
   ⑶　身体像（ボディ・イメージ）について …… *29*
   ⑷　「静的弛緩誘導法」について …… *29*
   2　これは，何かわかりますか
      ——手のひらや手の指，足のうらや足の指，　　…… *31*
        顔面などによくふれる理由

3　こんどは，何かわかりますか
　　　　──「全体像モデル」と「ふれあい体操」…… *33*
　　　(1)「こころ（認識）」…… *34*
　　　(2)「からだ（実体）」…… *34*
　　　(3)「かかわり（社会関係）」…… *35*
　　　(4)「時間の流れ（生活過程）」…… *35*
　　　(5) 全体像の広がり …… *35*
　　4　歌いかけ，音楽の重要さ …… *36*
　　　(1) 言葉ではない言葉 …… *36*
　　　(2) ノンバーバルコミュニケーション …… *37*
　　　(3) 音楽（歌いかけ）でどう子どもに向きあうか …… *39*

第4章　「ふれあい体操」の実際 ── *43*
　　1　ふれ愛リラックス体操 …… *44*
　　　(1)「ふれ愛リラックス体操」について …… *46*
　　　(2)「ふれ愛リラックス体操」のねらい …… *47*
　　　(3)「ふれ愛リラックス体操」の対象 …… *47*
　　　(4)「ふれ愛リラックス体操」の留意点 …… *47*
　　　(5)「ふれ愛リラックス体操」の実際 …… *48*
　　2　ふれ足体操 …… *54*
　　　(1)「ふれ足体操」について …… *56*
　　　(2)「ふれ足体操」のねらい …… *57*
　　　(3)「ふれ足体操」の対象 …… *57*
　　　(4)「ふれ足体操」の留意点 …… *58*
　　　(5)「ふれ足体操」の実際 …… *59*
　　3　ふれっ手(しゅ)体操 …… *64*
　　　(1)「ふれっ手体操」について …… *66*
　　　(2)「ふれっ手体操」のねらい …… *67*
　　　(3)「ふれっ手体操」の対象 …… *68*
　　　(4)「ふれっ手体操」の留意点 …… *68*

　　　　　　　　　　　　　　　　　　　　　　　もくじ

　　⑸　「ふれっ手体操」の実際 …… 69
　4　変装しよう〜顔あそび体操〜 …… 75
　　⑴　「変装しよう〜顔あそび体操〜」について …… 76
　　⑵　「変装しよう〜顔あそび体操〜」のねらい …… 76
　　⑶　「変装しよう〜顔あそび体操〜」の対象 …… 77
　　⑷　「変装しよう〜顔あそび体操〜」の留意点 …… 77
　　⑸　「変装しよう〜顔あそび体操〜」の実際 …… 77
　5　「ふれあい体操」の使い方（自立活動との関連）…… 81
　　⑴　歌のイメージを共有する使い方 …… 81
　　⑵　身体像（ボディ・イメージ）を共有する使い方 …… 82
　　⑶　子どもに合わせて対応する使い方 …… 83

第5章　「ふれあい体操」成立の経過と制作者の思い ── 85
　1　「ふれあい体操」の誕生　武井弘幸 …… 86
　2　重症児の子育ちを支援する「ふれあい体操」　丹羽陽一 …… 94

あとがき …… 100

* やってみましょう！　足のうらの100たたき …… 18

* 付録　「小手的冒険　シャオシュの冒険」…… 93

*「ふれ愛リラックス体操」ピアノ譜 …… 96

第 1 章

「ふれあい体操」の三つの重要なポイント

「ふれあい体操」の三つの重要なポイント

1 「ふれあい体操」は,「心にふれあう（共感）」
　　共感とともに母（かかわる人）の愛（思い）を伝えます。
2 「ふれあい体操」は,「やりとり＝コミュニケーション」
　　大人が一方的にやってあげるものではありません。
3 「ふれあい体操」は,「頭の体操」
　　身体を直接動かす体操ではありません。

　「ふれあい体操」が誕生してから,はや20年がたとうとしています。この間,多くの方々がいろいろな場で「ふれあい体操」を活用いただいていることに驚きと感謝の気持ちでいっぱいです。制作者の意図以上に,愛情いっぱいでふれあい,身体の学習を楽しみながら進めていただいていることに感謝しています。ただ,私たちの考えやねらいとかけはなれた使い方をされている場面にもでくわしました。

　私たちの意図をより深く理解していただくために,「ふれあい体操」活用のための重要なポイントを三つ記しますので,ぜひ,十分ご理解の上,活用していただくようにお願いします。

1　「ふれあい体操」は, 「心にふれあう（共感）」

　「ふれあい体操」は,身体だけにふれるものではありません。
　「ふれあい体操」は,子どもの心に寄り添い,心にふれようとします。
　「ふれあい体操」は,母（かかわる人）の思いを伝えます。
　曲に合わせるのではなく,子どもの心に合わせて行います。

　こんな感想を研修会の参加者からいただきました。
　「『ふれあい体操』で子どもの身体にふれるのは,母がわが子をやさしく抱きしめていることと同じなんですね。」
　「『ふれあい体操』は,物いわぬわが子に,いっぱい愛してるよというメッセージ

第1章 「ふれあい体操」の三つの重要なポイント

をふれることで伝えることができ，子と一緒に楽しみ，リラックスできるから好きです。」

「ふれあい体操」は，母やかかわる人たちの愛情をいっぱい伝えることができるのです。

また，「ふれあい体操」は，子どもの思いや気持ちにふれあい，寄り添いながら行うことができるものです。子どもの心を見ながら行ってほしいと思います。なかなかわからないことのほうが多いのですが，心を見ようと努め，寄り添いながら行ってほしいのです。少なくとも，心を見よう，わかろうとして寄り添っているこちらの気持ちは，子どもに必ず伝わるものです。

ふれられることが嫌な子もいます。無理につかまえて行うのではなく，なぜ「嫌」なのか，そのわけが必ずあるはずです。それを考えてほしいと思います。

そのわけをふまえながら，心とふれあっていくことが大切です。例えば，はじめてで不安がある場合は，まず歌を歌いかけながら友だちが楽

しそうにやっているのを見せるだけのほうが，身体にふれあっていなくても心にふれていることになることもあるのです。安心して，楽しそうだなとわかってくれば，きっとやりたくなると思います。

わけを考えて，寄り添い，心にふれあっていくことで，きっと身体にもふれあえるようになっていくと思います。人とふれあえないのは，マイナスではありますが，けっしてあきらめず，あせらず，こちらの思いを伝えながら心を見ていくと，少しずつふれあえるようになっていくものです。そのとき，その子どもの世界が大きく広がると思います。

前ページの絵のように「嫌」なのには，嫌なわけがあるものです。それぞれのわけがわかれば，それに対応したかかわりが考えられるはずです。

歌やふれあうことに慣れてくると，子どもは楽しみながら自分の身体の部分の感覚に気づき，その変化を無理なく学習していきます。

しかし，時にはその変化に気づいて「はっ」としたり，違和感から少し力を入れたり，怖がることもあります。そのような「こころ」をよく感じ取り，受けとめ，「大丈夫だよ」と励ますこと（共感）が必要です。ゆったりと体をあずけてくることができたら「じょうずだね」とほめていくことが大切です。

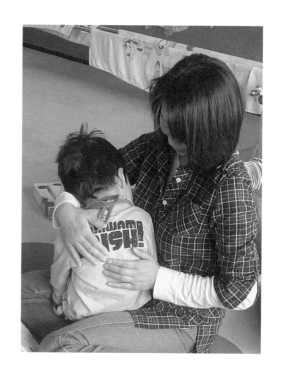

このような深い心のやりとりは，CDを使って曲に合わせているとむずかしくなります。曲に合わせるのではなく，子どもの心の動きに合わせて，ゆっくりと表情を見ながら，お母さんやかかわる人のやさしい歌いかけで行うと，より深く心にふれあうやりとりができます。

2 「ふれあい体操」は，「やりとり＝コミュニケーション」

大人が一方的にやってあげるものではありません。
まずは，教えてもらうつもりでふれてみましょう。
温かくすべてを包み込むようにふれながら，期待して待つことです。
ぬくもりや呼吸を通して，何かを伝えてくれます。

あなたは，障がいの重いお子さんのことが本当にわかっているでしょうか？　思うように動かせない身体についてわかっているのでしょうか？　そういう身体で生きているお子さんの心が見えていますか？　お子さんの声が聞こえていますか？

このように問いかけている私自身，わかったつもりになっていることが多いように

思います。それどころか，自分のことや家族のこと，友だちのことがどこまで本当にわかっているのでしょうか？　人は，自分のわかる範囲で，自分のことや人のことをイメージし，わかったつもりになっているだけかもしれませんね。実際，気づいていないことやわかっていないことが案外多いのかもしれません。

　自分で動くことや話すことがむずかしいお子さんは，わずかな呼吸の変化や動き，表情の変化，身体のこわばらせ方などで，感情や要求，気持ちを表現しているととらえることができると思います。それは，離れて見ているだけではわかりません。ふれあうことではじめてたくさんの情報が伝わってくるのです。

　障がいの重いお子さんは，自分から表現すること，まわりに合わせていくことがむずかしいのです。こちらからまず子どもに合わせるように包み込み，心身ともに安心できるようにしていくことが大切です。

　このとき，音楽は心理的，生理的にスーッと心に浸みていきます。音楽による共感とともに，ふれて包まれて安心できると，はじめて自分を表現したくなるものです。

　消極的なかかわり方のように思われるかもしれませんが，やさしく歌いかけつつ，包み込むようなふれ方で働きかけ，期待して待つことです。

　まず，お子さんに教えてもらいましょう！　言葉のある子もない子も同じです。むずかしいことではありません。動かしにくい身体を抱いて包んで，安心感の中で，少しずつふれて聴いてみましょう。手のひらに身体のぬくもりが伝わりますね。

　足や手は温かいですか？　固さややわらかさは感じられますか？　胸や背中が固くなってはいないでしょうか？　息は伝わりますか？　ゆったり大きな呼吸ですか？　小さな呼吸ではないですか？　胸も動いていますか？

　ゆっくり子どもの返してくるものを受けとめ，聴きながら，「気持ちがいいよ，楽だよ」と子どもがいうところは「そう，気持ちいいんだね」と応えて話しかけつつ，「こっちはどうかな」と場所を変えてまた問いかけます。「嫌だよ～」というところは無理をしないで場所を変え，「ここはどんな感じ？　大丈夫？」とふれてまた聴きます。ここから「やりとり＝コミュニケーション」が始まります。

　お子さんたちは，自分の身体をどんなふうに感じているのでしょうか？　そして，自分のことをどんなふうに意識しているのでしょうか？　さらに，まわりの人やまわりの世界をどんなふうに感じているのでしょうか？

　目の前の子どもとやりとりしながら，子どもが描いている身体像（ボディ・イメージ）を探っていきます。もっともっと教えてほしいことがたくさんあるのではないでしょうか？

まず，ふれあいながら，語りかけてみてください。心に届くように願いつつ，安心できるように歌いかけてみてください。昔，お母さんが子守唄を歌いかけてくれたように，やさしく「小指赤ちゃん，笑顔がかわいい♪～」と。すると，子どもは必ず何かを返してくれるものです。

　「何か変だよ～」と手を引いたり，「気持ちいいよ～」と穏やかな表情を見せてくれたり，呼吸を深くしたり，身体をゆったりさせたりします。そこから「やりとり＝コミュニケーション」が始まると思います。歌いかけながらふれあっていくことは，子どもとのコミュニケーションを促していく大きな力になるのです。

　「ふれあい体操」でふれあいながら，お子さんに一方的に「何かやってあげよう」とけっして思わないでください。誰もが，「リラックスさせよう」とか「血行をよくしよう」とか「手や足を伸ばそう」としたくなりますね。その結果，つい一方的にこすったり，マッサージしたり，伸ばしたりしてしまいがちです。

　まず，「ふれあい体操」を，歌いかけ，ふれあいながら，ありのままの身体と心を丸ごと受けとめるようにしてください。ふれながら，歌いかけながら，教えてもらうようにしてください。

　お子さんは身体を通して，身体のことも心のことも，いろいろ教えてくれます。そのままの身体を全面的に受けとめて，温かく包むようにふれながら，ゆったりと繊細に受けとめてください。そうすれば，必ず子どもの言葉（表現）が聴こえてきます。

　「ふれあい体操」は，歌を歌ってふれあうことを通して，その相互性によってよりお互いの理解を深め，育てあうことでもあるのです。そして，日々変化していくお互いを大切に見つめていくものなのです。

3 「ふれあい体操」は,「頭の体操」

「ふれあい体操」は,身体を直接動かす体操ではありません。
感覚を通して認識に働きかけていくものです。

「ふれあい体操」は,身体を動かしてあげる体操ではありません。
身体を動かすもとになる「身体感覚」に働きかけるものです。
頭(脳)の中のボディ・マップを明確に学習するものです。
いわば「感覚の体操」「認識の体操」「頭の体操」といったほうがよいと思います。

「ふれあい体操」は,障がいが重いといわれる子どもたちとの実践から生まれてきたものです。自分で思うように動かしがたい身体,緊張してしまう身体を自分で動かすことができればいうことはないのですが,なかなか自分で(他動でも)思うように動かせないのが,障がいの重いといわれる子どもたちです。

このような子どもたちは,自分の身体をどのように感じているのでしょうか？ それとも感じていないのでしょうか？

どんなに障がいが重いといわれる子どもも,生きている限り何かを感じています。自分の身体のことは特に感じているものです。

このことは,私(丹羽)の40年の経験からもはっきりいうことができます。例えば,呼吸について考えてみましょう。息をしていない子どもはいません。緊張が強くて息苦しいときに,その息(生き)苦しさを感じているのではないでしょうか？ のどのあたりが「ぎゅっ」とした感覚を感じていて,それがとてもきつくなるのを感じていると思います。

「ふれあいリラックス体操」などで身体全体がリラックスし,のどのまわりも楽になり,深くゆったり安定した呼吸ができてくると,のどのあたりの「ぎゅっ」とした感覚から,ゆるんでいく感覚を感じているようです。

「ふわーっ」とした心地よさを感じて,表情も和らいで,気持ちよさそうな声で応

えてくれることもあります。お話のできる子は，「ふーっ，気持ちいいよ」と教えてくれます。そのときのゆったりした身体部位感覚を覚え（学習し），再現できるようにしたいのです。

　私たちも同じようなことがあります。ふれられるとはじめてはっきり意識する身体部位があります。身体がとても疲れているとき，どこがどのようになっているのかはわからないけれど，身体全体がとてもきついことはありませんか？　そんなとき，他の人に背中や腰をふれてもらうと，痛いところがどこなのかはっきりわかることがありますね。

　また，おなかが変なとき，自分でおなかにふれて，どこがどのように変なのか感じようとしませんか？　人にふれてもらうこと（自分でふれること）で，自分の身体の部分の感覚がはっきりわかるのです。

　障がいの重い子どもも健常と思っている私たちの身体も，ふれられることでその身体部位の感覚に気づき，ふれられた手に身体をゆったりあずけ（ゆだね）ていくことができれば，リラックスし，その感覚の変化を味わいながら，新たな感覚を覚えて（学んで）いくことができるのです。（注1参照）

　このような身体部位感覚の総体が，ボディ・マップ（身体地図）を構成しています。

注1　神経が途切れている病気の場合は，別に考える必要があります。ふれてもわかりません。（例えば，二分脊椎の人の足など。）ここでは，神経はあるけれど，脳でうまく認識できていない場合について記しています。

わからない身体は，動かせません。
偏って認識している身体は，偏ってしか使えません。
あいまいな身体は，あいまいにしか動かせません。

　楽しい歌いかけと温かい母や先生の手でやさしくふれあいながら，自分の身体を意識し，その身体部位感覚の変化を感じ，リラックスした身体感覚，ボディ・マップを学んでいくのです。

　子どもたちは，自分の身体を大切にふれてもらうことを繰り返すうちに，自分の身体を好きになり，自分を好きになり，自分を肯定することができるように育つのではないでしょうか？　身体をぎゅっと狭く固め，自分の内側の感覚に頼っていた心と身体を，外界である心地よくふれられた手に，あずけ（ゆだね），外へと広がっていくことができるようになるのです。自分がわかり，外界がわかっていく土台になるのです。

このようなボディ・マップをもとにして，自分の身体各部位の位置関係，大きさ，姿勢や動きの感覚など，自分の身体像（ボディ・イメージ）がしっかりできていくと考えられます。身体像が，さまざまな基本の動きや姿勢，生活動作を覚えて（学習して）いく上での重要な役割をはたしています。

　快の感情をともないながらボディ・マップを学び，身体像をより明確にしていくことが重要なのです。

　「ふれあう」ことで，子どもたちは自分の身体に気づき，相手に気づき，世界に気づき，世界を広げていくのです。

やってみましょう！　足のうらの100たたき

＊足のうら側の感覚を高めることにより，全身の身体感覚が変わり，ボディ・マップや身体像（ボディ・イメージ）も変わることを体感してみましょう‼　姿勢や動きも変わる体験です。

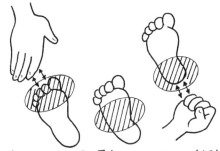

手のひらを地面に見立てて固い面としてたたく　　かかとは手根部またはグーでたたく

　子ども役の人が仰向けになります。お母さん役の人が，子ども役の人の足をひざに抱えて，手のひらで足のうらをたたきます。寝たままで地面を歩いたり走ったりするイメージです。

　「いち，に，さん，にい，にい，さん，さん，にい，さん……じゅう，にい，さん」と3拍子でしっかり歩きます。手のひらは，地面の代わりなのでしっかりとした固めの面にしてたたきます。これを3セット，早くしたり，ゆっくりしたり楽しく行います。最後に，ゆっくり10回たたいて，ちょうど片足で100歩き（たたき）ました。

　それでは，子ども役の人はゆっくり立ってみてください。あらあら不思議な感覚になりましたね？　何だか足から身体全体へとポカポカ温かくなってきませんか？　たたいた足のうらは，地面にすいつくようにぴったりして，地面の様子がよく伝わってきます。足が軽くて，重心が下りてきています。たたいたほうの肩が下がってきた人もいますね。歩くとたたいたほうの足に体重がぐっとのってきますね。これが，足のうらの身体部位感覚が明確になって，ボディ・マップが変わり，身体像まで変わったという一つの例です。

　腰や肩で少しがんばって生活していた身体が，足のうらの感覚が明確で濃いものになったために，腰や肩はリラックスできたのです。ボディ・マップとしては，足のうらや足の指が濃く明確になり，濃すぎた腰や肩が少しうすい地図になりました。

　身体像としては，重心が下がり，身体が軽くなり，地に足がしっかりついた歩きのイメージになりました。繰り返しこの学習を続けていくと，立位姿勢や歩行動作が安定し，定着していく基礎ができます。

第 2 章

「ふれあい体操」について

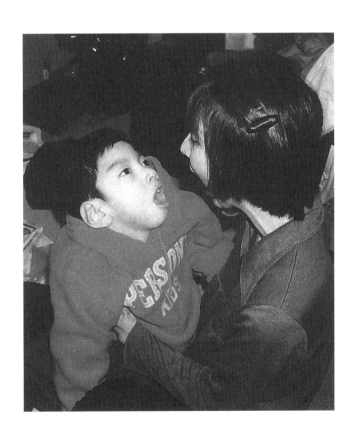

1　はじめに

「ふれ愛リラックス体操」
「ふれ足体操」
「ふれっ手(しゅ)体操」
「変装しよう〜顔あそび体操〜」

　この四つの体操を「ふれあい体操」としてお届けします。

　四つの体操は，名前からもわかるように，「おおまかな全身」，「足全体」，「手全体と体幹とのつながり」，「顔」というように，人間の身体の全体と部分を，音楽に合わせてふれたり動かしたりして，あそびながら学習していくものです。それぞれの詳しい説明ややり方は第4章で説明してあります。ここでは，共通した考え方や大切な点を述べておきます。

　「ふれあい体操」は，子どもたちと大好きなお母さん，お父さんや兄弟，友だち，先生たちが一緒に，楽しみながら行ってください。また，機械的なマッサージに陥らないように，温かい愛情のこもったふれあいと歌いかけで，子どもの心身と会話するつもりで行うことが大切です。

　「ふれあい体操」の特徴は，自己身体意識を高めるとともに，身体全体の感覚や身体の各部分のつながりをより明確に学び，ボディ・マップや身体像（ボディ・イメージ）を再学習することを一つのねらいにしていることです。

　身体全体の感覚が明確になっていくことによって，全身のリラクゼーションが図られ，呼吸や血液循環，内臓の働きにもよい影響を及ぼしていきます。

　また，自己身体像の形成，修正を促すことは，自己の存在感を強めるとともに自分への肯定的な感情を育て，生きていく自信と意欲につながると考えています。

　このことは，運動や動作をしていく上でもとても重要な土台になります。とくに，外界からの情報を感じ取り受け取るための大きな窓口である手のひら，手の指，足のうら，足の指，口唇を中心とした顔などの感覚を高めていくことが重要です。

　どの「ふれあい体操」も楽しみながら比較的短時間でできるように作りました。それぞれの「ふれあい体操」の説明やねらい，対象，留意点などをよく理解していただいて，ご家庭や学校・園などの生活にうまく取り入れて活用されることをお勧めします。

第2章 「ふれあい体操」について

〈家庭での活用の仕方〉
　毎日の生活の中にうまく取り入れて，家族とのふれあいあそびとして活用していただくとよいでしょう。例えば，
・朝起きたら，「ふれ愛リラックス体操」でしっかりと心身ともに目覚めさせる。
・顔を洗って拭くときやお風呂の湯船の中では，「変装しよう〜顔あそび体操〜」で顔の感覚を育て，表情筋の動きをよくし，感情を豊かに表せるようにする。
・学校や園から帰ったら，「ふれっ手体操」をしておやつを食べたり，手を使ってあそんだりする。または，「ふれ足体操」をして身体の疲れをとる。
など，毎日の歯磨きや着替えのように生活の一部として，また，親子や家族の楽しいふれあいあそびとして続けていくことができると一層効果的です。
　四つの体操すべてを続けなければいけないわけではありません。子どもに合わせて，どれか一つでも続けることができればそれでよいと思います。
　負担にならないように，あくまでも楽しみながら続けてください。

〈学校・園での活用の仕方〉
　学校や園では，朝の会で「ふれ愛リラックス体操」をして心身をしっかりと覚醒させ，朝の始まりを意識させてください。
　「自立活動の時間」の初めに，「ふれ足体操」や「ふれっ手体操」で動く準備をするのがよいでしょう。
　また，「感覚あそび」や「図工」などの手を使う学習の導入として「ふれっ手体操」を取り入れることもできます。
　「給食」の時間は，摂食訓練が必要な子が多いようです。「変装しよう〜顔あそび体操〜」は，楽しみながら過敏な顔にふれるのに慣れていくためにも有効です。

　「ふれあい体操」を続けていくと，子どもたちはすぐにその楽しさや心地よさを覚えて，意欲的，主体的に取り組み始めます。
　身体的に見ても変形や拘縮（こうしゅく）の予防になるだけではなく，運動や動作の発達を促していきます。また，コミュニケーションを育てるという面や情緒の安定といった面でもすぐれた働きをするでしょう。
　何よりも，続けていくことにより，健康で心豊かな子どもに育ってくれることを願っています。

2　注意と留意点

(1)　「ふれあい体操」は，ふれていく人がどのようなイメージを抱いて，どのようにふれていくかによって，その効果が大きく異なってしまいます。

　まず，楽しくふれあえるようになることが一番です。そして，気楽に続けられることが大切です。子どもが「心地よい」と感じ，はっきりとした身体部位の感覚を味わうことができ，安心できるようなふれ方ができるようになることが望まれます。

　楽しく続けられるようになったら，なるべく子どもの身になって，子どもがどんなふうに感じているのかを推察しながら，問いかけながら行うとよいでしょう。けっして，一方的なふれあいと歌いかけだけに陥らないように注意してください。

　子どもの表情や様子からその気持ちを受けとめるようにし，それに合わせた言葉かけやふれあいができると，さらに楽しく取り組めると思います。

(2)　子どもが泣いたり，嫌がったりする場合は無理に行わないようにしてください。嫌がる理由が必ずあるはずです。子どもの気持ちや理由をよく理解して，子どもに合った工夫をしてください。

　理由がわからない場合は，けっして行わないようにしてください。

3　対象

・障がいの重い子どもを対象として作りました。歌詞は，主に幼児や小学生向けにしてありますが，体操の内容は，中学生以上にも十分有効です。
・重度の動作不自由がある子どもを想定して作りました。障がいの程度により，それぞれの体操の有効性の度合いにやや違いが見られます。それぞれの体操の対象を確認してから行ってください。
・自閉症児や多動の子どもたちにもとても有効だった（この体操をきっかけとしてかかわりが持てるようになったなど）という報告がいくつか届いています。子どもが嫌がったりしなければ，子どもに合わせて行ってみてください。

第 2 章 「ふれあい体操」について

4　ねらい

(1)　障がいの重い子どもたちが，心豊かに育つための基盤を養う
- 大好きなお母さんや先生に温かくやさしく身体にふれてもらうことにより，自分の身体と自分自身に対する肯定的な感情を育てるとともに，愛情に包まれた安心感と自分自身の存在に対する自信を持つ。

(2)　自分の身体の感覚に気づき，ボディ・マップや身体像（ボディ・イメージ）を学習し直すことにより，運動や動作の基盤を作る
- 自分の身体の各部分の感覚に気づき，より明確にするとともに，感覚器官としてとくに重要な手のひら，足のうら，顔などを整え，感覚受容能力を高める。
- 自分の身体のおおまかな地図と各部分のつながりをより明確に学習する。
- 自発的な運動・動作の土台としてのボディ・マップと身体像（ボディ・イメージ）を学習，または再学習する。

(3)　コミュニケーションを楽しみ，コミュニケーションの力をさらに育てる
- ふれあいと言葉かけにより，身体を通したコミュニケーションの力を育てる。
- ふれあいを通して，外界への興味・関心を広げる。
- いろいろな人とのふれあいにより，社会関係を広げる。

(4)　健康の増進を図る
- 全身のリラックスを図り，呼吸をゆったりと深くする。
- ふれることを繰り返すことにより，皮膚などの感覚器官，感覚神経の働きをよくする。
- 末端の手のひら，手の指，足のうら，足の指をよく整えることにより，血液などの循環をよくする。
- タッピングなどにより，皮膚そのものを鍛える。

　以上のようなねらいは，「自立活動」のねらいや内容とも一致する部分が多く，その基礎学習としても活用できると思います。

5 制作について

　西村圭也氏（元奈良県立明日香養護学校訪問教育部）は，障がいの重い子どもの体操を「重症心身障がい児の文化」としてとらえ，健康を守るための体操として「ブラッシング体操」「わらべ体操」を作っています。また，国立筑波大学附属桐が丘養護学校の「知覚－運動学習」グループでも，「にこちゃん体操」などのすぐれた体操やいろいろな「感覚－運動遊び」を作って実践しています。他にも全国でいろいろな実践がなされています。

　私たちの「ふれあい体操」も，子どもたちとの日々の実践を繰り返す中で，時間をかけて改良を重ね，子どもたちや多くの先生たちとともに作り上げてきたものです。

　その考え方は，『子どもが喜ぶ感覚運動遊び40選』（斎藤秀元他，福村出版）の中で「本書を利用するための予備知識10」としてまとめてある内容と重なる部分も多いので，参照してください。

　さらに，「ふれあい体操」の理論的根拠の大きな特徴の一つとして，立川博氏が開発して全国に広がっている「静的弛緩誘導法」の考え方を参考にしている点があります。「静的弛緩誘導法」の考え方や「ふれ方」についても学ばれると，私たちの「ふれあい体操」が子どもたちとのかかわりにおいて，より一層生きたものになると思います。

　体操の順番やふれ方，部位ごとの時間，体操や曲の大まかなイメージについては，丹羽が担当しました。障がいの重い児童との特別支援学校現場における実践と，親子学習会と称する障がい児とその親および研修生（特別支援学校教員，通園施設の保育士，医療関係者，学生など）による静的弛緩誘導法をベースとした子育ての勉強会での実践をふまえて作り，そこで検証を繰り返すことによって改良してきました。

　作詞，作曲，演奏などは，武井が主に担当しました。曲ごとのイメージを的確につかみ，子どもたちが飽きずに楽しく取り組むことができるようにいろいろな工夫をしました。少なくとも子どもたちの心に直接働きかけるとともに，子どもたちとふれあう手がやさしさを増し，イメージをより豊かに伝えることができるようにと願いつつ，工夫しました。

　このように，ふれあい（触覚）と歌いかけ（聴覚）がうまくマッチすることによりお互いのやりとりが何倍も楽しいものになり，イメージが共有でき，身体を通した学

第2章 「ふれあい体操」について

習もきわめて効果的にできるようになってくるのではないかと思います。

　作られた体操は，すべて学校の授業と親子学習会で繰り返し実践し，多くの先生たちやお父さん，お母さん，障がい児自身の生の声を聞いては，何回も改良を重ねてきました。

　今までの運動や発達に対する考え方をそのままあてはめて考えると，疑問に思われる点もあるかもしれませんが，私たちは，現場での数多くの事例から，このような考え方とやり方がかなり有効であるという確信を持ってお届けします。

　これからもさらに，より楽しく，よりわかりやすく活用できるようにしていきたいと思っていますので，是非ご意見ご感想をお寄せください。

注1　「ふれ愛リラックス体操」については，西村圭也氏の「ブラッシング体操」を参考にさせていただきました。

注2　「ふれあい体操」については，立川博氏が開発した「静的弛緩誘導法」の考え方を参考にするとともに，技法の一部（総合誘導やワンポイント誘導など）を応用させていただきました。

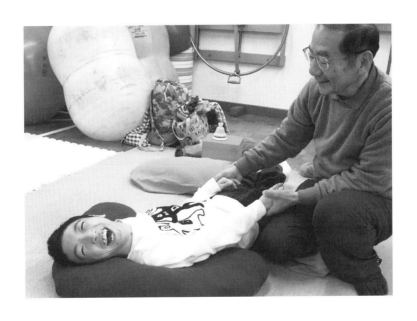

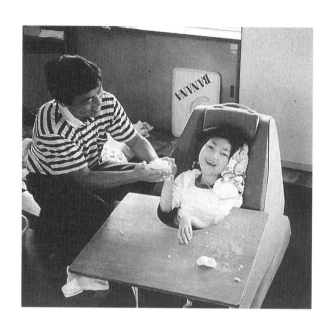

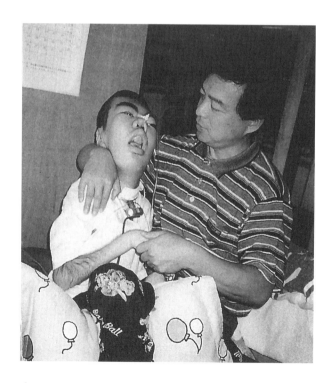

第3章

「ふれあい体操」の考え方

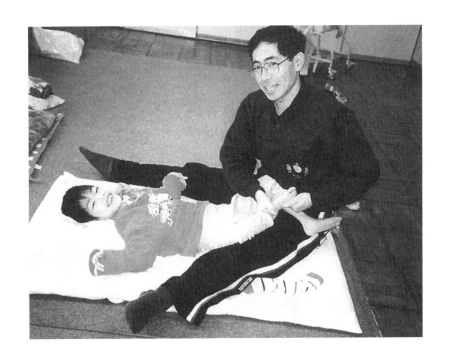

1 身体の地図（ボディ・マップ）と身体像（ボディ・イメージ）

　私たちの「ふれあい体操」のねらいの一つに，自分の身体の感覚に気づき，自分の頭の中に描いている「身体の地図（ボディ・マップ）」を学習し直し，それとともに「身体像（ボディ・イメージ）」(3)や「身体意識」(2)の変容を図り，生きていくための基盤を作るということがあげられます。

　人間にとってもっとも原初的な感覚である触覚（ふれあい）と聴覚（歌いかけ）を中心として，五感を存分に活用してやりとりし，子どもの心と身体に働きかけ，その身体部位感覚や身体のつながりの感覚，「ボディ・マップ」(1)をより明確にすることにより，自己身体像を変容させていくのです。

　このような考え方は，「静的弛緩誘導法」(4)をもとにしています。「静的弛緩誘導法」を基礎として活用しながら，音楽や歌いかけにより，子どもたちが楽しく取り組みやすいように考え，実践を繰り返す中で形になってきたものが本書で紹介する「ふれあい体操」です。

(1) ボディ・マップについて

　ボディ・マップとは，自分の頭の中に描かれた「自分の身体がどのようになっているか」という「自分の身体の地図」のことです。ボディ・マップが正確であれば動作がうまくいきますが，不正確だったりすると，効率よく動けず，身体のどこかに痛みをともなったりケガをしてしまい，動作に苦痛をもたらしてしまいます。

　ボディ・マップは，ウィリアム・コナブル（元オハイオ州立大学音楽学部教授。アレクサンダー・テクニーク教師）が，第3回アレクサンダー国際会議で「マッピングの起源と理論」（1991年8月）として発表しました。

(2) 身体意識について

　身体意識とは，心理的・身体的な発達の基本となる能力のことで，「自分の身体の意識，自己意識」を意味します。身体意識がなければ，子どもは自分が「自分」として周囲の世界から分離した独立の存在であることに気づかないのです。

　身体意識を支えるものとして「身体像」「身体図式」「身体概念」があります。

　これらが備わることで，他者意識，空間意識，環境意識，方向性概念，左右概念な

第3章 「ふれあい体操」の考え方

どの心理的・知的機能が発揮でき，動きのバリエーションの拡大など身体運動の操作も巧みになるのです。

　出典『フロスティッグのムーブメント教育・療法—理論と実際』マリアンヌ・フロスティッグ著，小林芳文訳，日本文化科学社。

(3) 身体像（ボディ・イメージ）について

　身体の内部からの感覚刺激や外部からの触覚刺激による身体のイメージで，自己存在やすべての運動の基礎をなす重要な要素です。
　いわゆる，感じられるままの身体ということです。

　出典『フロスティッグのムーブメント教育・療法—理論と実際』マリアンヌ・フロスティッグ著，小林芳文訳，日本文化科学社。

(4) 「静的弛緩誘導法」について

　1986年，筑波大学附属桐が丘養護学校教諭（当時）・立川博氏が，教育の立場から開発した動作の不自由な子どものための基礎的指導法です。基本の考えは「広がり」であり，基本の進め方は「ふれあい」です。「ボディ・マップ」の学習や「自己身体像」の変容の重要さが説かれています。ボディ・マップという考え方は，おそらく，ウィリアム・コナブルより以前に発表されていたと思われます。（立川博『静的弛緩誘導法』御茶の水書房）

　身体意識は，それまでの生活におけるいろいろな経験によって作られていきます。それには，自己の身体感覚やボディ・マップが影響しているだけではなく，育っていく過程での自分の身体や身体部位についての感情や認識も含めた身体像（ボディ・イメージ）が大きな影響を与えています。また，家族やまわりのかかわり方による自己の存在への自信や認識によっても大きく左右されます。

　出産周辺期に，神経中枢に何らかの損傷を受けることによって生ずる脳性まひなど重い障がいのある子どもたちは，2～3歳頃の自己認知の時期に至って，自分の身体をどのように認知していくのでしょうか。ぎゅっと固まっていたり，何かをしようとすると反り返ってしまったり，力を入れようとしても入らない自分の身体を自分自身として認知し，それを当たり前と感じても不思議はないはずです。正しい身体の感覚や動作の感覚を経験し得ていないために，そのときの自己の身体感覚を拠り所として生活し，その基盤の上に立って感覚運動経験を重ね，さらに自分なりのパターン化した動きを固定して学習していくと考えられます。

子どもたちは自分の身体をどのように感じているのでしょうか？
　自分の身体の感覚を，マップ（地図）のように考えてみてはどうでしょう？　世界には，山や草原，川や池や海，丘があり，平野があります。木がうっそうと茂る森，何もない砂漠，冷たい氷山，激しい滝……。
　子どもたちの身体も，ぎゅっと狭い感じの首や肩，広い砂漠のように意識されにくい背中，ゆったり動いているおなかの感覚，氷のような足の指……。自分の身体の部分，部分の感覚の総体としての身体感覚がボディ・マップ（身体の地図）を作っていると考えるとわかりやすいのではないでしょうか。
　ボディ・マップは，自分の頭の中で描いている「身体の地図」なのです。とくに運動経験の少ない，動作が不自由な子どもの場合，自分の身体感覚の狭さを内包したまま生活経験を積んできたその過程で，間違って学習していることが多いのです。
　このようにゆがんだ「身体の地図」をもとにして生活動作を行おうとすると，多くの困難が生じてしまいます。動作だけでなく，コミュニケーションやまわりの状態を把握することにも支障をきたします。また，呼吸や循環，排泄というような健康面に関してもマイナスになりやすいのです。
　このようにゆがんだ「身体の地図」を，「ふれあい体操」で楽しくふれあいながら修正し，再学習していくことができるのです。基礎的な学習として積み上げていくことが必要なのです。
　また，子ども自身の気持ちから考えると，小さいときからのいろいろな訓練やまわりからの反応によって，どうも自分の身体は他の人の身体のように動いてくれないと気づき始めます。同じように手を伸ばそうとしても反対にいってしまったり，固まるばかりで伸ばせない。足を出そうとしてもまっすぐに出てはくれない。話をしようとするとかえってつまってしまい，のども口も閉ざされてしまう。そういう自分自身の身体について，どうしても否定的に思ったり，自分の身体でありながら嫌ってしまったりすることも多くなりがちです。まして，まわりからの接し方次第では，さらに自信をなくしたり，依存的になったり，自分自身を否定的に見てしまう場合もあります。
　そんな子どもたちに，「ふれあい体操」で楽しくふれあう中で，自己の身体感覚を再学習するとともに，苦手だった身体部位も大好きなお母さんや先生に温かくやさしくふれてもらう経験を繰り返すうちに，好きになり，自信を持ってもらいたいと願っています。また，自分に自信を持って意欲的な生活姿勢を身につけるとともに，運動や動作の基盤をしっかりと築き直していくことをめざしています。そして，実際に今までに続けてきた多くの事例が，そのようになることを裏づけています。（障がい児

第3章 「ふれあい体操」の考え方

の通園施設での実践や母親による家庭での実践, 特別支援学校での実践など, 多くの現場から報告されています。)

2 これは，何かわかりますか
手のひらや手の指，足のうらや足の指，
顔面などによくふれる理由

　上の絵は，人間が外界の性質を触感として感じ取るときに使う感覚受容器が密集しているところを強調して描いたものです。『ここまでわかった脳と心』（スーザン・グリーンフィールド著，大島清監修，山下篤子訳，集英社）によれば，口唇や指先などの非常に敏感な部位では，感覚受容器が1平方ミリメートルあたりに何千もありますが，ウエストあたりでは100以下しかないそうです。これを身体各部の体表面に割り当てられる脳の体性感覚野（皮膚感覚をつかさどる領域）の広さとして模式的におおよその比率で示したものが上の絵です。例えば，同書によれば手の親指に割り当てられている領域は，脚部が占める領域よりも広いことがわかっているそうです。

　手のひらと手の指，足のうらと足の指，口唇，舌，顔面などが感覚に関する情報の入り口としていかに重要かということが理解できると思います。

　人間は，舌でなめまわしたり，手でふれていくことからまず外界の性質を感じ取って，外界に対応して生きていきます。赤ちゃんが何でも手に取り口に入れてなめまわして確認するのを見れば，触覚による外界や自己の認知がいかに大切かがわかると思います。

それでは，私たちがかかわっている子どもたちの手のひらや足のうらはどうなっているでしょうか。

　大切なはずの手のひらが握られたままだったり，開いていても耳たぶのようなやわらかさのままだったり，親指の方だけ力が入りすぎていて外に向いていたり，指先だけで物をたたくことはできても握手などでしっかりふれることが苦手だったりする子どもがよく見られます。足のうらや足の指も同様です。上口唇や顔面などにふれられることも，苦手な子どもが多いようです。

　このような状態は，障がいからの直接の影響である部分もあるとは思いますが，それにもまして誕生後の経験不足によるものがきわめて大きいといえます。健常といわれる子どもたちが毎日足のうらや手のひらなどを使っている回数と比べて，いかに肢体不自由の子どもたちの手や足が経験不足かは，考えてみれば理解できると思います。

　これでは，外界の様子を正確に受けとめてそのものの性質を感じ取り，認識することはできません。自己身体像や自分とまわりとの関係もわかりにくくなってしまっています。まして，身体を支えたり，身体を使うときに働かせることもとても困難です。

　「運動」は，「感覚」によるフィードバックをもとにして起こります。さらに，その運動感覚がフィードバックされて次の運動につながっていきます。その「感覚」情報としてきわめて重要な身体全体の感覚受容器からの触覚情報が，乏しかったり，偏っていたり，歪んでいるとすれば，協調的なよりよい「運動」が妨げられるのは当然といえるのではないでしょうか。

　「ふれあい体操」では，自己身体感覚をより明確にするような働きかけにより，身体全体の働きを活性化することによって，運動や動作の土台である身体像（ボディ・イメージ）をしっかり学習，または再学習することを意図しています。

　同時に，身体の働きの活性化による「健康」の増進を図り，身体像をしっかりと認識することによって自己と外界をよりよくわかっていくようにすることも考えて取り組んでいます。

　このような考えから，「ふれあい体操」は，ふれていく部位や時間を決め，子どもにわかりやすいようにふれたり，なぞったり，タッピングしたりして意識させ，よく働くようにするとともに，身体部位感覚やそのつながりがわかり，全体像がイメージしやすく，学習しやすいように，試行錯誤を繰り返して作ってきました。

　とくに，音楽による聴覚からの情報ととけあうようにしたことにより，何十倍も子どもにわかりやすくなり，楽しく取り組むことができるようになったのではないかと思います。

第3章 「ふれあい体操」の考え方

3 こんどは，何かわかりますか
「全体像モデル」と「ふれあい体操」

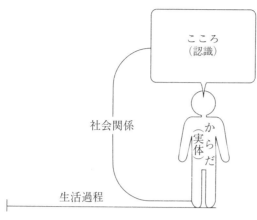

出典『何がなぜ看護の情報なのか』薄井坦子著，日本看護協会出版会，1992年，p.15より引用，一部改変。

図　人間とは

　上の図は，初代宮崎県立看護大学学長の薄井坦子氏の『何が なぜ 看護の情報なのか』（日本看護協会出版会）から転載させていただきました。薄井氏は，看護の立場から人間をまるごと見ることの重要性を指摘しています。同書によると，字で書いているだけではわかりにくいので，このような象徴的な図にしたということであり，「全体像モデル＝人間は，すべてからだとこころを持っていて，その人の社会関係の中で24時間の生活を繰り返してきている」というようなイメージをあらわすモデルができ上がったそうです。看護教育の実践的な学習がこの図などを活用して行われることによって，個人的な経験だけではなく，科学的な看護技術を一般的にだれでも身につける方法が生まれてきたようです。

　子育てや教育の視点から見ても，この全体像モデルはとてもわかりやすく活用しやすいものだと思います。

　学校現場でもいろいろな方法で子どもの実態把握が行われています。子どもの問題行動などを考える場合は必ず，その生育歴や交友関係や家族関係を見ますし，生活の様子なども参考にしています。子どもの「からだ」や「こころ」は，そのような「社会関係」や「生活の繰り返し（生活過程）」の中で日々作られています。

　障がいの重い子どもたちも同様です。目に見えている「からだ」の障がいの大きさ（変形や緊張，呼吸状態，異常な動きなど）ばかりが気になってしまい，その子どもの「こころ」や全体を忘れた訓練や指導が，まだ，かなりまかり通っているのが現実ではないでしょうか。

子育てや教育の立場からは，子どもを全体として把握し，社会関係を育て，生活を整えていくことにより，「からだ」と「こころ」をともに統一されたものとして育てていくことが必要です。
　では，「ふれあい体操」をこの全体像モデルに即して見てみると，どうなっているのでしょうか。

(1)「こころ（認識）」

　目には見えませんが，人間はいろいろなことを感じ，認知し，考えています。
　物事をどのように認識するかによって人間の行動は変わってきます。例えば，コップに半分の水が入っているのを見て「こころ」に思うことは，人それぞれです。
　「まだ半分ある」と思うか，「もう半分しかない」と思うかで行動は変わってきます。「花をかざろう」と思うか，「ビールならいいのに」と思うかで次の行動は変わってくるのです。
　障がいの重い子どもたちが，自分の「からだ」をどのように感じているのか，自分の動かしにくい身体部位をどう受けとめているのかということは，自己形成上とても重要なことです。自分の「からだ」やまわりの人や世界をどう認識しているかによって，その人の生きる姿勢が変わってくるからです。
　「こころ（認識）」も育ち，育てられていくものです。
　「ふれあい体操」を，ふさわしいイメージの音楽とともに繰り返し行っていくことは，自分の「からだ」への肯定的な感情や自信，自己の存在感を育てることであると思います。また，自分の身体の全体としてのまとまりが明確になり，身体部分のつながりがわかり，身体像（ボディ・イメージ）を修正したり，学習していくことになるのです。
　そのように自分のことがわかっていくことによって，まわりをより明確にわかっていくことができると考えています。

(2)「からだ（実体）」

　実体としての「からだ」が整わなくては，人間は生きていくことはできません。「ふれあい体操」では，楽しい歌いかけとともに直接身体にふれて身体部位を意識づけていくことにより，その働きを高めていくことができます。はっきりとした皮膚刺激により，神経や血液循環，呼吸などの働きを促していくことができます。足のうらのタッピングなどは，毎日続けることにより，しっかりとその皮膚が鍛えられていく

のがわかります。

(3)「かかわり（社会関係）」

　人間は，一人では生きていけません。社会の中でいろいろな人や物とかかわりあいながら，育ち，育てられていきます。

　「ふれあい体操」で，母親に毎日ふれてもらうことは，子どもの自己形成にとってはかけがえのない栄養になります。

　また，いろいろな人と楽しくふれあいながら行うことによって，社会関係を広げていくことができます。

(4)「時間の流れ（生活過程）」

　一日24時間の生活の繰り返しが「生活過程」です。どのような生活を繰り返していくかによって，人間の「こころ」と「からだ」の育ち方が決まってきます。生活習慣病を考えればわかると思います。

　自分で姿勢を変えることがむずかしい子どもたちにとっての姿勢変換や運動がいかに大切かということも，同じように理解できます。

　「ふれあい体操」は，音楽に合わせて比較的短時間で実施できます。生活の一部に位置づけて，毎日続けることができれば，「こころ」と「からだ」をよりよく育てるためにとても有効だと考えます。

(5) 全体像の広がり

　「ふれあい体操」は，人との楽しいかかわりを広げつつ，生活の繰り返しの中で「こころ」と「からだ」の両方を統一して育てていくことができます。これを模式的に絵にしたのが右の絵です。

　「ふれあい体操」は，人間の「からだ」だけ，「こころ」だけ，「かかわり」だけあるいは「生活」だけを整えたり，変えたり，育てたりしようとしているのではなく，人間をまるごと，よりよく広げていこうとしているのです。

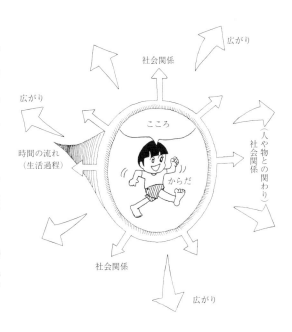

4　歌いかけ，音楽の重要さ

　私たちの「ふれあい体操」のねらいの一つに，やりとりによるコミュニケーションを大切にしながら，温かい関係性を育むことがあげられます。そのためには，大人側が子どもに合わせて変化しつつ双方向のやりとりを作ることが大切です。

　1970年代米コロラド大学のリタ・ワイズ博士によって開発された，言葉の遅れのある子どもへのコミュニケーションアプローチに，インリアル・アプローチというものがあります。コミュニケーションがうまくとれない場合，子ども側だけに問題の目を向けるのではなく，聞き手側である大人側が言葉かけやかかわり方を調整（大人側のコミュニケーション能力の向上の観点から検証）し自信を持たせ，コミュニケーション力を向上させるのだそうです。

　私たちはつい現場で長くかかわっていると，「この子はこういうことを言おうとしているのではないか」と決めつけることがあります。おそらく長年の経験やカンでわかることが多いからでしょう。コミュニケーションとは，A→Bという一方的にだけ行われるのではなく，A⇄Bという双方向に行われるものです。私はあえて，A→Bの一方的な形で，子どもが思っていることを決めつけて応対していることを「思いこみュニケーション」（造語です）と呼んでいます。

　やりとりをするということは，変化する子どもとのかかわり方が常に試されていることを意味しています。「うまくやりとりできない」と悩むことも多々あります。私もそうです。しかし，その「うまくいかない」ことにこそ，重要なヒントが隠されています。うまくいかない「わけ」を検証し，二人の間の関係性を確立するため，この先への進み方を変えていきたいものです。コミュニケーションは生きているのです。

(1) 言葉ではない言葉

　「言葉」があるということは，人間にとって非常に大切なことです。ところが，私たちは，日頃使っている言葉が通じない場面に出くわすと困って，ときに混乱します。例えば道で突然外国人の方に出会って何かたずねられたときがそうです。

　私にもこんな場面がありました。認知症となった祖母と時系列の話がうまくかみあわなくなったとき。また初めて自閉症の子どもと出会ったとき視線が合わなかったり，言葉のやりとりができないと感じたりしたときがそうでした。よく考えるとこれらの

例は，「こちら側」の言葉で通じないから困ったといったものでした。このような場面に出会ったとき私たちは，イライラし，困惑の表情をしがちです。この段階では，言葉そのものより「感情や気分」が目立つ形で自分から発しています。ときに舌打ちをしたり，ため息が出たり相手をにらみつけることもあるかもしれません。

人類が言葉を体得するまで，コミュニケーションをしようとする場面で，こういった言葉にならない言葉を使っていた時間が非常に長かったのではないかと推察されるし，実は私たちも，いまだにそうだと思うのです。

米の心理学者，アルバート・メラビアン博士による「メラビアンの法則」というものを紹介します。人が他人から受け取る情報（感情や態度など）の割合についての実験結果（1971）についてです。

人は初対面の人と話をした場合，何が印象的であったかを後で問うたら，表情やしぐさ，視線等の情報が55％，声の質，口調，話す速さが38％で，なんと話の内容等の情報は僅か7％だったんだそうです。ただ，すべてのコミュニケーションで当てはまらない場合もあるかもしれませんが，少なくとも「言葉」でない部分がコミュニケーションを図る上では大きいということが考えられます。

(2) ノンバーバルコミュニケーション

従来の言葉で行っていたやりとりを「バーバルコミュニケーション」と言い，言葉ではないものでのやりとりを「ノンバーバルコミュニケーション」と言います。実は私たちはこの「ノンバーバル」なやりとりを非常に多く日常的に行っていることに気づきます。

障がいの重いお子さんたちとのかかわりにおいて考えてみましょう。初めて子どもたちと対したとき私は大混乱でした。「言葉」というアイテムが通じなくて困った場合，子どもたちは，どう気持ちを発信したり，受信したりしているのでしょうか。これから目の前のお子さんとかかわりをもとうとしても，双方向でやりとりができない状態であるならば，先にすすむことはできません。しかし「ノンバーバルの言葉」でならやりとりができるとするなら，これを使わない手はありません。実は「ふれあい体操」はこのノンバーバルなやりとりをするツールの一つになることを意識しているのです。

それは「ふれる」と「歌いかける（音楽）」ということにおいてです。「ふれる」についてはここでは省略し音楽の効用について述べたいと思います。

みなさんは「音楽療法」という言葉をお聞きになったことがあるかと思います。音楽には次の3つの効用があります。

生理的効用	→	脳細胞や神経細胞，皮膚細胞，呼吸脈拍，血圧等肉体そのものに働きかける。
心理的効用	→	音楽を聴いて慰められたり，励まされたり，ある特定の曲にまつわる出来事が思い出されたり，癒し，カタルシス効果など。
社会的効用	→	他者との歌や演奏活動で達成感や満足感が形成され，その過程で協調性や相手への共感的な意識が育まれる。

様々な効用としては，BGM がかかっていると単純作業がはかどったり，モーツァルトを聴いて牛の乳の出が良くなったり，植物の生育を促したりしたという事例も聞きますね。オリンピック番組のときにかかっていた音楽を聴くと感動が蘇ります。

また 3 つの効用はそれぞれ単独ではなく，必ずリンクをしています。

私たちは学校教育で学んだ音楽のみでなく，日常的に音楽のある生活の中にいます。そして音楽の効用や使い方を，私たちは知っています。

音楽は，構えることが多い日本人には適したツールかと思います。どう使うかで，音楽は変わってきます。そこで，私たちの「ふれあい体操」を通して音楽を見つめる場合，私はこれを簡単にアクティブに捉えなおすために，次のように解釈することにします。

1 言葉の代わりになる	2 意味づけをする	3 記憶の媒体となる
4 時間と空間を飛び越える	5 誰にでもできる	

音楽は言葉と違い，指示的でなく直接情緒に訴えかけます。それがコミュニケーションをとろうとしたとき有効に働きかけるツールとなりえます。そしてこの章の前までにお伝えしてきた「ふれる」という直接的な行為。実は「ふれる」ことも，言葉の代わりになっているし，意味づけになります。

さらに「ふれる」ことの積み重ねは，記憶の媒体として身体や，感覚のイメージを喚起させ，正に時間と空間を飛び越えています。そして誰にもできることです。実は「ふれる」という「ノンバーバル」な行為は「音楽」と共通するものが非常に大きいのです。

大切なことは，この「ふれる」と「音楽」とを一緒に提示した場合の意味です。

目の前のどんなお子さんと対しても私たちは関係性を築かなくてはいけません。私は「音楽」「歌」は，関係性を作るための誘いの役目，コーディネーターであり，潤滑油的な突破口を作る非常に優れた力を持っているものと考えます。

第3章　「ふれあい体操」の考え方

　しかしここで大切なことをはっきりさせておかなくてはいけません。すなわち「ふれあい体操」そのものだけでは何も生まれず，それを使って「やりとり」をすることこそ非常に重要であるということです。

　教育として，子育てとして，子どもにこうあってほしいという願いはたくさんあるかと思います。身体のことをわかってほしい，力を抜いてリラックスしてほしい，私の顔を見て笑ってほしい，たくさん食事を食べてほしい等々……。これらの願いを持って，こうあってほしいというそのイメージに近づくために，私たちは関係性を育むことが必要なのです。（後述第4章－5も参考にしてください。）

(3)　音楽（歌いかけ）でどう子どもに向きあうか

　ここで「ふれあい体操」の提示の仕方を考えましょう。それは二つの場面からだと思います。「ふれる」ことはもちろんですが，あえて「歌いかけ」で見てみます。

①　個人で使う場合

　じっくりお子さんにかかわるとすれば，お母さんお父さんがご家庭でお子さんと向きあう時間です。食後やお風呂の後，就寝前でしょうか。また学校や施設ではなかなか難しい場合も多いですが，自立活動の時間や訪問指導などの時間でしょう。

　個人で行う場合は，やりとりすることでお子さんとじっくり向きあうことができる非常に貴重な時間となります。この場合付属のCDを使用してもよいのですが，CDを使用せず生歌（なまうた）で，お子さんのペースに合わせてじっくり取り組むことをおすすめします。何よりもお子さんの表情をはじめバイタルサインを確認しながら行うことができます。

　また歌は，最初はCDを使用し一緒に歌いながら行い，慣れてきたら，歌を途中で止めたり，繰り返しやテンポを変えたりしてお子さんの様子に合わせて変えることができます。

　お子さんにとってはお母さんや先生を一人じめできたような幸せな時間になります。お子さんのペース，体調に合わせてじっくり行います。

　歌いかけは慣れてきたら，お子さんをじらすように待ってみたり，声を小さくしてみたり，歌詞をお子さんが好きな言葉に変えてみたりします。そうするとお子さんは目を丸くして，期待して待ってくれるようになります。

このとき,「手がゆったりしたね」とか「お腹ふわっとしたね」とか子どもの感じている気持ちを代弁して言葉にしてみましょう。「あ, お母さん, わかってくれたんだ!」とか「先生, 何だか楽になったよ」という表情をしたら,「そうだね」という共感の言葉かけをすることでお子さんの安心感とイメージにつながります。ちなみに「イメージ」とは, 今目の前にいる子どもとの間で大事にしたいと思っているもので, それは時に「身体」であったり,「呼吸」であったり,「嬉しい」「好き」という感情の概念であったりします。

　② 集団で使う場合
　特に学校や施設で, 集団で行うことが多いかと思います。集団で一緒に「ふれあい体操」を行う場合, よりダイナミックにイメージづくりに一役買うことになります。

　かつて某特別支援学校で過ごしたときのことです。5月のすがすがしい季節, 運動場の木陰にブルーシートを敷いて, 皆で生歌のみで「ふれ愛リラックス体操」を行っていました。
　開放的な環境も手伝ってか, 普段教室で行っている内容がより鮮明に子どもたちに入っていくようでした。涼しい木陰でそよ風に吹かれながら行えたことと,「みんなでやれて楽しい」という気持ちから来たのでしょう。先生たちの歌声が非常に心地よく流れていました。
　また上のイラストはある知的障がいの支援学校での自立活動の時間です。歩行練習の前にみんなで「ふれ足体操」をしていました。日直の元気な号令の後CDを使ってみんなで歌いながら取り組みました。先生たちも揺さぶりを掛けながら子どもたちの足裏のタッピング等を行いました。
　「ぎゃー」とか「もっとやってー」とか楽しい雰囲気が集団の中で増幅されていったのです。非常におもしろい体験でした。歌うことが苦手な先生も,「ほいっ!」とか「ここはどーだぁ?」とか合いの手で参加しました。
　体操をしている中で, 子どもたちが「足裏の感覚」の気持ちよさに声を出したことから, 仲間との間で相乗的に楽しさが増幅し, 雰囲気づくりをすることにつながっていったのです。
　そして, 学校で主指導者だけが言葉を発する授業ではなく, 他の教師も合いの手や

第 3 章　「ふれあい体操」の考え方

声掛けや揺さぶりをして一緒に授業を構築できたという雰囲気があったことも忘れられません。素晴らしいチームだったと思います。

　この「みんなで授業を」という雰囲気は，さらに子どもたちのイメージづくりに貢献することになるのです。

参考文献『原初的コミュニケーションの諸相』鯨岡峻，ミネルヴァ書房。
　　　　『音楽療法の実際』松井紀和編著，牧野出版。
　　　　『子どもの世界をよみとく音楽療法』加藤博之，明治図書出版。

第4章

「ふれあい体操」の実際

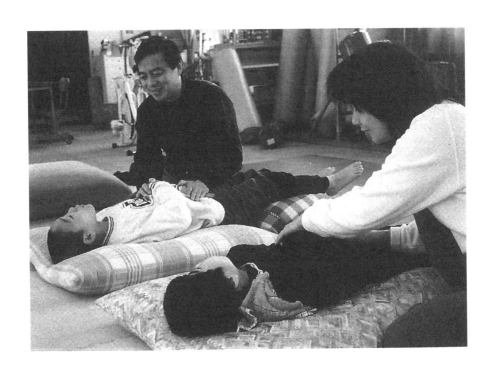

1 ふれ愛リラックス体操

第4章 「ふれあい体操」の実際

(1)「ふれ愛リラックス体操」について

　この体操曲を作るにあたってヒントになった歌は，西村圭也氏の「ブラッシング体操」です。私たちは，この曲を参考にしながらも，障がいの重い子どもにとって，より有効な方法，リズム，曲，歌詞を追求してオリジナルの体操と曲を作りました。

　西村氏の「ブラッシング体操」は，実践の中から生まれた，お母さんや先生が子どもの全身をリズミカルに楽しくマッサージしてあげながら，健康の増進を図っていくすばらしい体操であり，とても有効です。皮膚のマッサージによる血行促進や内臓の働きの強化など，続けていくことにより，健康な身体づくりが可能です。

　私たちは，もう少しゆったりとした曲の流れとリズムで，乾布摩擦を主にするのではなく，子どもとのやりとりを重視し，子ども自身が身体の部分の感覚やおおまかな身体全体の感覚に気づくことができるように工夫しました。

　その中でも，外界を感じ取り受けとめる感覚受容器が密集している，手のひらや手の指の一本一本，足のうらや足の指の一本一本にていねいにふれながら，楽しい歌に合わせて明確化していくようにしました。このようにすることで，身体像（ボディ・イメージ）が描きやすくなると考えています。

　身体像を明確にしていくことが，自己の存在感を高めるとともに自分への肯定的な感情を育て，生きていく自信と意欲につながるのです。また，全身のリラクゼーションを図ることができ，呼吸や血液循環，内臓の働きにもよい影響を及ぼします。

　ゆったりとした流れの中で，子どもへの愛情のこもった歌いかけやふれあいが，音楽に合わせて楽しく自然に注がれ，それに対してのわずかな表情や動きや呼吸の変化などを受けとめながら，またふれていくというやりとりが，コミュニケーションを育て，社会関係を広げていくことにもなります。

　主役は子ども自身です。障がいがとくに重い子どもたちは，反応が乏しいといわれていますが，自分の身体にふれてもらうと，それに対してかすかな動きやわずかな表情や発声や呼吸などで確かに応えています。その感じ方や受けとめ方はさまざまですが，私たちが，どこまで子どもたちの身になってそれを感じ取り，やりとりを深めていけるかが大切なのだと思います。

　一方的に働きかける「訓練」や「体操」ではなく，音楽やふれあいを楽しみながら自分の身体の感覚の体験を積み重ねることにより，お互いのやりとりの中で学習していってほしいと思います。ゆったりとした流れの中で，子どもへ歌いかけながらのふれあいを通じてたくさんの「会話」を楽しんでほしいと願っています。

(2)「ふれ愛リラックス体操」のねらい

① 「ふれあい」と「歌いかけ」により、身体を通した心のふれあいを楽しむ。
② やさしい歌いかけとともに、子どもの身体に心地よくふれることにより、安心感で包みこみ、自分や自分の身体に対する肯定的な感情や自信を育てる。
③ 身体全体におおまかにふれることにより、全身のリラックスを図り、健康を増進する。
④ 自己身体感覚や身体地図を明確にしていくことにより、生活に必要な動きの基盤を作る。
⑤ いろいろな人とのふれあいを通して、まわりとかかわる力を育てる。

(3)「ふれ愛リラックス体操」の対象

① 自分で姿勢を変えたり、動くことがむずかしい「重心児」（重症心身障がい児）と呼ばれる子どもたちをイメージして作りました。
② 自分で動くことはできるが、自分の身体のイメージに偏りや希薄さがあり、まわりとの関係が取りにくい子どもたち（多動といわれる子どもも含めて）にとても有効だったという報告が多数寄せられています。この体操をきっかけにコミュニケーションが取れるようになった事例がいくつか報告されています。
③ 主に小学生をイメージして作りましたが、幼児や中学生にも使えます。

(4)「ふれ愛リラックス体操」の留意点

① 姿勢は、子どもが一番安心でき、お互いが楽な姿勢で行ってください。小さな子は抱っこが自然です。仰向けができれば仰向けを基本とし、背中にふれるときだけ横向きかうつ伏せにしてあげてください。
② やさしく歌いかけながら、手のひらで直接子どもとふれあってください。表情をよく見て、コミュニケーションを図りながら楽しむようにしてください。
③ CDは制作者（武井）の声ですが、使うときは体操をする人が一緒に歌いかけるようにしてください。慣れてきたら、カラオケバージョンをおすすめします。とくに乳児や幼児は、一番安心できる人（母親）が歌いかけるほうがよいでしょう。
④ とくに厚着をしていなければ、無理に衣服を全部脱がせなくてもかまいません。生活の中での自然なふれあいを大切にして、あまり構えずに楽しんでください。

薄めの衣服であれば，手のぬくもりや感覚は十分伝わりますし，身体からのメッセージも受けとめることができます。

⑤　ゴシゴシとこするのではなく，素手による自然なふれあいの中で子どもが自分の身体の心地よい感覚に注意を払えるようにしてあげてください。

⑥　便宜上，手も足も右手から行うように作りましたが，原則としては，利き手，利き足から始めた方が，苦手な手や足から始めるよりも無理なく行うことができる場合が多いと思います。あくまでも，やり方や順番，時間なども子どもに合わせて変え，工夫してください。

(5)「ふれ愛リラックス体操」の実際

①　手の指と手のひらの感覚

〈歌いかけ〉

```
────── P.44-45の楽譜・① ──────♪
こゆび　あかちゃん　えがおがかわいい
くすりゆび　おねえさん　おけしょうねっしん
なかゆび　おにいさん　せいたかのっぽで
ひとさし　おかあさん　あかるくやさしい
おやゆび　おとうさん　はたらきものだよ
てのひら　おうちだ　みんなのおうちだ
```

〈方法〉

指の腹側をぴったりと包み込むようにして，はっきりとした感覚に気づかせ，その感覚を味わってもらう。

指の根元にあたる部分まで大きく包むと，一層はっきりした感覚が伝わる。

第4章 「ふれあい体操」の実際

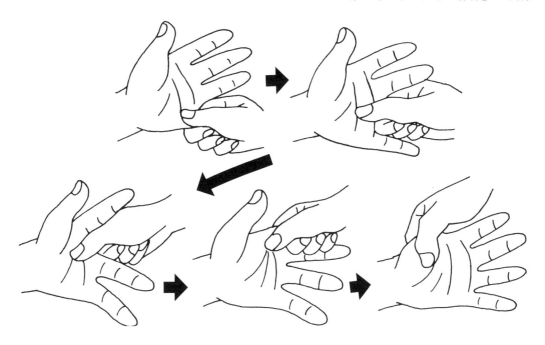

「手のひら」のところは，ぴったり握手をしたり，子どもによっては，軽く手のひら全体を万遍なくタッピングする。

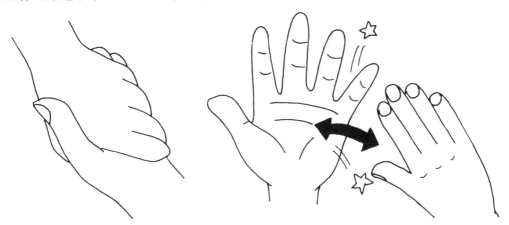

② 首・肩から手へのつながりとイメージ

〈歌いかけ〉

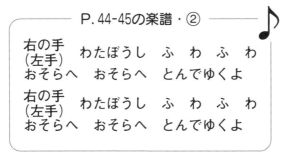

P.44-45の楽譜・②

右の手　わたぼうし　ふ　わ　ふ　わ
(左手)
おそらへ　おそらへ　とんでゆくよ
右の手　わたぼうし　ふ　わ　ふ　わ
(左手)
おそらへ　おそらへ　とんでゆくよ

〈方法〉

片方の手で子どもと握手して，手のひらの感覚をめやすとしながら，もう一方の手のひらで，①鎖骨→腕の付け根→肘内側→親指側手首→親指包み込み，②首後ろ→肩甲骨後ろ→肘外側→手首外側→小指側包み込み，という順でふれる。

その場合，ふれる箇所は関節部分で，子どもは全体のつながりをよく意識しやすくなる。

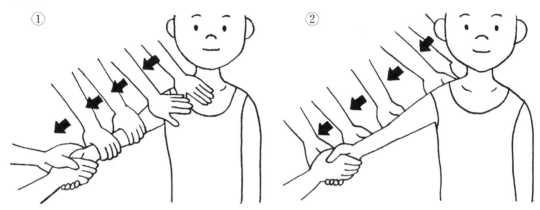

③ 足の指と足のうらの感覚

〈歌いかけ〉

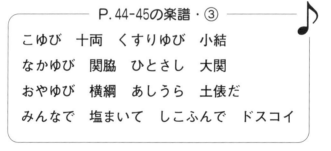

P.44-45の楽譜・③

こゆび　十両　くすりゆび　小結
なかゆび　関脇　ひとさし　大関
おやゆび　横綱　あしうら　土俵だ
みんなで　塩まいて　しこふんで　ドスコイ

〈方法〉

指の腹側からつけ根をぴったりと包み込むようにして，はっきりとした感覚に気づかせ，その感覚を味わってもらう。

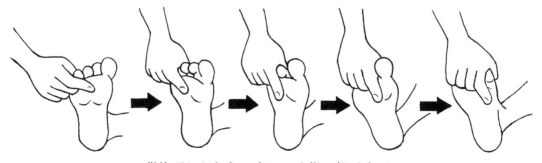

背伸びしたとき，床につく指の根元まで。

第4章 「ふれあい体操」の実際

「あしうら」のところは，手のひらを地面のようにしっかりと足のうらにつけ，しこを踏むように（子どもの足のうらの状態に合わせた強さで）タッピングする。

④　腰から足のうらへのつながりとイメージ
〈歌いかけ〉

──── P.44-45の楽譜・④ ────♪
だんだん　このあし　うかんでゆくよ
ふわふーわ　ふわふーわ　おそらのくもに
あらまぁ　このあし　うかんでゆくよ
ふわふーわ　ふわふーわ　おそらのくもに

〈方法〉

　子どもの足のうらが地面を踏んでいるようなイメージになるように，片方の手をぴったりと子どもの足のうらにつけていきながら，もう一方の手のひらで腰から足部までを順になぞるようにさすっていく。

　その場合，腰（腰椎部），おしりの横（小臀筋部），ひざの裏側（膝関節部），足首（足関節部）と，全体のつながりがわかりやすくなる。とくに腰部が重要である。しっかり腰の下に身体があずけられるように，歌詞の「あらまぁ」の前まで，手のひらで腰を，じっくりぴったり受けとめていく。

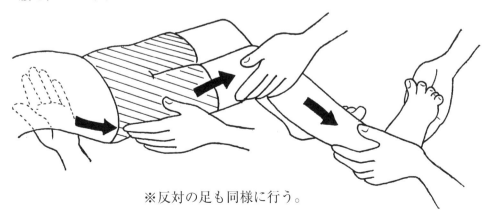

※反対の足も同様に行う。

⑤　腹の広がり

〈歌いかけ〉

P.44-45の楽譜・⑤

日本一周（にっぽん）　してみたいな　北は北海道　南は沖縄
みんなで走ろう　おなかの上　みんなでドライブ　楽しい旅行

〈方法〉

　お腹の片側半分で，最初は①腹直筋部に手を置き，②外腹斜筋部→①腹直筋部→③内腹斜筋部→①腹直筋部というように手のひらを片方ずつずらす。（片側半分のお腹をバッテンする感じになる。）お腹の反対側も同じように行う。子どもの反対側に移動して行ってもよい。

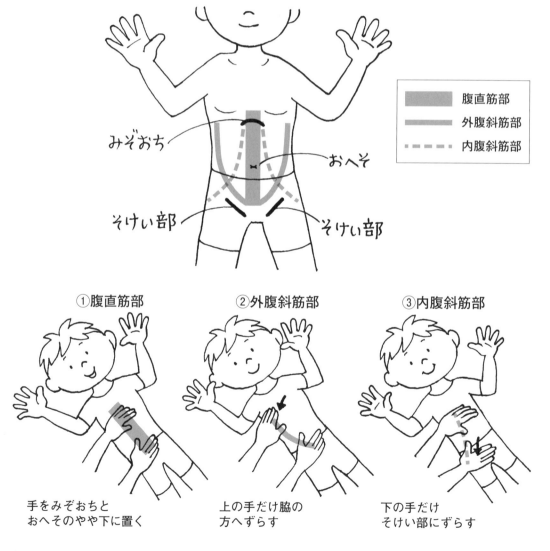

第4章 「ふれあい体操」の実際

⑥ 背中の広がり

〈歌いかけ〉

───── P.44-45の楽譜・⑥ ─────♪
世界一周　してみたいな　アメリカ　イギリス　フランス　アフリカ
山あり谷あり　背中の上　おみやげいっぱい　楽しい旅行

〈方法〉

　手のひらは，親指部分が背骨に沿う形で，最初①下後鋸筋部（かこうきょきんぶ）にふれる。このあとすべて片手ずつずらす。②腰→③肩甲骨→④肩甲骨下部→①の順に片手ずつずらし，最初の位置へ戻る。

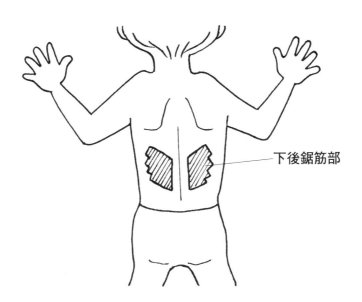

下後鋸筋部

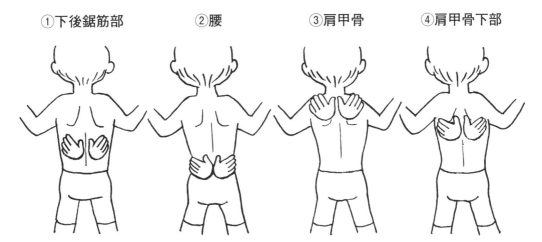

①下後鋸筋部　②腰　③肩甲骨　④肩甲骨下部

2　ふれ足体操 ※全体を2回繰り返す

第4章 「ふれあい体操」の実際

(1)「ふれ足体操」について

　この体操は，人間の身体の中でもっとも大きな比重をしめている身体像（ボディ・イメージ）としての足（腰から足先までの部分：腰部，臀部，脚部，足部）に着目して作りました。

　足を自分でうまく動かすことができなかったり，動かすために大変な努力を要するということが，人間の生活をいかに不便にし，社会生活上の困難を強いられ，健康にも大きな弊害をもたらすかを，子どもたちは身をもって教えてくれています。

　歩けないために車いすの生活が多い子，杖や歩行器で移動できるけれどなかなかうまく足を動かせない子，自分で座位が保てず何とか寝返りをうつけれどかなりの努力を要する子，自分で寝返りをうつことができず，脚部や足部が突っ張ったり，固くなってしまっている子，低緊張で脚部が開いたまま曲がってしまい力が入らない子，走り回ってはいるけれど足の指に力を入れてまるめ，扁平足でペタペタ音のする走り方をする子など，いろいろな足の子がいます。

　いうまでもなく，自分で移動できなかったり，移動に大変な努力を要するということは，現在の社会にあってはまだまだ生活が著しく制限されます。心理的な影響もきわめて大きいと思います。生活の多くを人に依存せざるを得ない状況です。自分の足や自分の身体，自分自身に対しても否定的な認識を持ちやすくなってしまいます。小さいときから「訓練」にあけくれ，痛い思いやつらい気持ちを味わい，自分の足をあまり好きではなくなってしまう子どももいます。そんな子どもたちにも自分の足を好きになって，イメージの中で野山をかけめぐってほしいと願ってできた体操です。

　また，自分の足を自分で動かせないために睡眠中に寝返りをうてない子がたくさんいます。人間は，睡眠中の無意識な寝返り（姿勢変換）で一日の身体の疲れをまんべんなく取ることができるのです。寝返りが十分にうてないと疲れた身体を十分に休ませ，回復させることができなくなってしまい，疲労がたまっていってしまいます。

　さらに，脚部や足部を十分に動かさないと，血液循環も悪くなります。これは，全身の体調にも影響します。下肢の動きが少ないと腹部もあまり動かないのでひどい便秘になる人もいます。偏った使い方を続けたり使わない足は，変形や拘縮を招きやすくなります。

　このような足の不自由さに対しては，いろいろな訓練が行われています。ストレッチやマッサージ，プロムボードで立たせたり各種の歩行訓練，運動パターンを変えるように主に神経に働きかける方法，馬に乗って訓練する方法などさまざまです。

どのような訓練をするにあたってもすべての人に共通であり，もっとも基礎的で重要なこととして，足の身体感覚や身体像（ボディ・イメージ）の問題があると思います。神経は通っているけれど自分でよく意識できていない足は，よく使うことはできません。偏って認識している足は，偏った使い方しかできません。足の感覚があいまいであれば，あいまいな動かし方しかできません。自分の足の感覚を明確に認識することが，もっとも重要なのではないでしょうか。

動かし，使いながらの運動感覚経験を中心に，自己身体像をより明確化していくことも可能ですが，より簡単で子どもにわかりやすいやり方として直接的にふれたり，タッピングすることによって，その部位の身体感覚を繰り返し学習していくという土台づくりの方法があります。このしっかりとした土台づくりの上に立って基礎的な動きを楽しく行っていこうとするのが「ふれ足体操」です。

なお，足がうまく使えないのは，足だけの問題ではなく，身体全体との関連で見ていかなければならないことはいうまでもありません。身体像の問題としても，運動パターンから見ても，それは当然のことです。「ふれ足体操」はあくまでも土台としての一つのアプローチの仕方ですので，それをよく理解してうまく活用していただきたいと思います。

(2)「ふれ足体操」のねらい

① 足にふれてもらうと気持ちがよいことに気づき，自分の足に好感情を持つ。
② 腰部から足部にかけての身体感覚と身体像（ボディ・イメージ）を楽しみながら再学習する。
③ 足の基礎的な動きを，山歩きのイメージで楽しく経験する。

(3)「ふれ足体操」の対象

① 自分の足をうまく動かせない子どもをイメージして作りました。
　　散歩などで足を使う前や，立位や歩行の訓練の前に準備体操のように取り入れるのも有効です。
② 自分で身体を動かせない「重症心身障がい児」と呼ばれる，障がいのとくに重い子どもたちには，健康の増進のために有効です。
　　足がはっきりしてリラックスすると，腹式呼吸が大きくなり，引っかかってなかなか出しにくかった痰がうまく出たり，血液循環がよくなったりします。
③ 多動の子どもとのかかわりの一つの窓口として有効です。

足部を包んだり，足の指にしっかりふれたりすると，初めは嫌がることもありますが，次第に自分の足の感覚に興味を示し，自分からふれてほしいと要求してくるようになった子が多数いました。そこからかかわりが広がっていくようです。
④　小学生を想定して歌を作りましたが，幼児，中学生，高校生などにも使えます。

(4)「ふれ足体操」の留意点

①　楽しく山を登っていくイメージが豊かに浮かぶような歌いかけや働きかけで盛り上げるようにしてください。

②　歩くときに使う足のうらの感覚をしっかりと意識させ，足全体の身体感覚が明確になるようにふれたり，タッピングしたり，曲げ伸ばししたりしてください。

③　手のひらで直接子どもとふれあってください。言葉かけ，手，目，表情などすべての感覚をフルに活用してコミュニケーションを楽しみながら行ってください。

④　CDでは親しみやすいように子どもの声にしましたが，一緒に体操をする人が歌いかけながら，子どもに合わせて行っていくとよりよいと思います。幼児などは，子どもの声に対して，初めは恐がる場合がありますので注意してください。そういう場合は，お母さんなどの身近な人の歌いかけが安心できてよいようです。

⑤　姿勢は，仰向けを基本とします。一緒に行う人のひざやクッションなどの上に脚部の重さをあずけさせて行うようにしましょう。横になるのが苦手な子どもは，クッションチェアーなどのいすにゆったりともたれさせたり，抱っこするなど無理のない範囲で行ってみてください。

⑥　利き足から始めた方が無理なくできると思います。順番ややり方，速さなども子どもに合わせて変えたり，工夫したりしてください。

⑦　「ふれ足体操」は，足の身体像（ボディ・イメージ）づくりや基礎的な動きの学習にとても有効ですが，一方で身体の全体像の学習も続けていくことが必要です。足をうまく動かせない子どもに足だけを取り出して訓練したり，「ふれ足体操」だけを続けていくと，足は楽になりますが，上体，とくに肩まわりや首のうしろ，上肢の体幹へのひきつけなどが強くなる場合があります。全体を意識しながら，全体の中での足を見ていくことが大切です。

⑧　他の「ふれあい体操」も同様ですが，とくに「ふれ足体操」は自分の手で自分の足にふれて行ったり，援助者が子どもの手をうまく手伝ってあたかも自分の手で自分の足にふれているかのように行っていく方法が，実際にやってみるととても有効です。

第4章 「ふれあい体操」の実際

(5) 「ふれ足体操」の実際

① 足部の包み込み

〈歌いかけ〉

> ──── P.54-55の楽譜・① ────♪
> きれいな空　風はそよぐ
> 森の仲間たち　さあ目覚めよう
> 朝の光　身体にあびて

〈方法〉

①かかととつま先，②足のうらと甲，③足の両側を順に包み込む。
両手でぴったりと温めるように包み込み，その感覚を意識させる。

② 足の指の感覚

〈歌いかけ〉

> ──── P.54-55の楽譜・② ────♪
> こゆび　こぎつね　草原を走るよ
> くすりゆび　くまの子　魚（さかな）とじゃれてる
> なかゆび　なまけもの　木の上　グーグー
> ひとさし　ひばりさ　空高く
> おやゆび　おじかだよ　元気だな

〈方法〉

　指の腹側の接触感（床に一本一本の指が着地しているイメージ）がはっきりするように包み込み，その感覚に気づいて味わわせるようにする。
　指の根元にあたる部分まで大きく包み込むと，一層明確な感覚が意識できる。

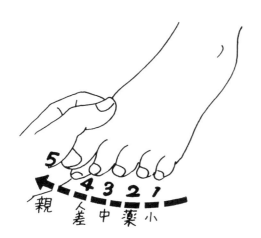
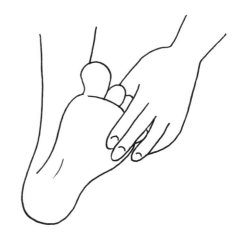

③ 足のうらの意識づけ（タッピング）

〈歌いかけ〉

---P.54-55の楽譜・③---

沢を走って　タンタタンタン　タンタンタン

あっちだ　こっちだ　タンタタンタン　タンタンタン

池を回って　タンタタンタン　タンタンタン

洞窟ぬけて　タンタタンタンタン

丘をのぼって　タンタタンタン　タンタンタン

風がすずしい　タンタタンタン　タンタンタン

岩をかけのり　タンタタンタン　タンタンタン

山の頂上　めざしたよ

〈方法〉

指のつけ根のタッピング	足のうら外側のタッピング
走っているようなイメージを喚起し，地面を蹴っていくかのようなイメージでたたいていく。	地面につくところを意識して，走っているかのようなイメージでたたいていく。

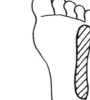

第4章　「ふれあい体操」の実際

かかとのタッピング

　かかとは，指導者の手根部（手のかかと）を使って，しっかりとした刺激を腰や頭の方まで届けるようなイメージで，意識づけるようにたたいていく。ただし，立ったことがない子や，足のうらが過敏な子にはとくに注意して，その子どもに合わせた姿勢ややり方を考えて実施する。

足のうら全体のタッピング

　地面を素足で走っているようなイメージで，足のうら全体をたたいていく。

④　足の指の曲げ伸ばし

〈歌いかけ〉

　　P.54-55の楽譜・④
　　ふんばって　休んで　木の実をたべて
　　もいちど　ポリポリ　木の実をたべよ

〈方法〉

　足の指の曲げ伸ばしをする。

　伸ばすときは，手のひらを地面に見立て，足の指の腹側とその指の根元にぴったりとつけて背伸びをするような感じで，指を反らしながら伸ばすようにする。

　グーでしゃがみこみ，パーで背伸びするイメージで行うとよい。

　可能なら，2回目は，足首の曲げ伸ばしも含めて行うとよい。パーで背伸びしたときにアキレス腱側が縮まり，グーでしゃがんだときにアキレス腱側が伸びるようにできるとさらによい。

　曲げ伸ばしに抵抗がある場合は，曲げ伸ばしをせず，こちらの手でグー（にぎり込む），パー（はなす）を繰り返す。

　曲のスピードが速い場合は，ゆっくり子どものペースで行う。

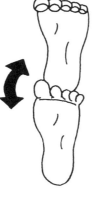
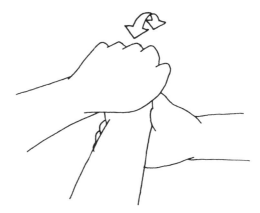

⑤　足のうらと腰のうしろの意識づけ

〈歌いかけ〉

P.54-55の楽譜・⑤
尾根をわたり　元気よく　歌を歌って

〈方法〉

　足のうらと腰のうしろを意識できるようにふれる。腰のうしろの手へ子どもが身体の重さをあずけてくるとよい。（足全体の端と端のイメージ）

　腰のうしろへしっかりと重さをあずけられると，腹式呼吸が大きくなってくる。

　ひざの下にクッションを置いたり，指導者のひざなどで脚部の重さを受けとめるとリラックスできる。

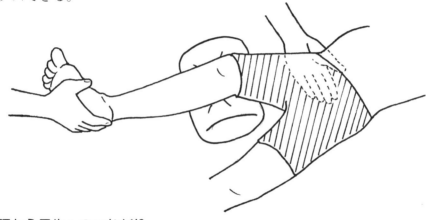

⑥　腰から足先へのつながり

〈歌いかけ〉

P.54-55の楽譜・⑥
ルー　ルー　岩に咲いている花
とてもきれいだね　風にそよいでる

〈方法〉

　腰（腰椎）の横から足先までのつながりをなぞるようにふれて意識づける。

　腰，おしりの横，ひざの裏側，足首，足指をなぞりながら受けとめるようにふれていくとわかりやすい。

第4章 「ふれあい体操」の実際

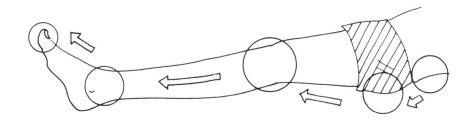

⑦ 足のうらをめやすにした脚部の曲げ伸ばし（キック）

〈歌いかけ〉

― P.54-55の楽譜・⑦ ―
みんなでバンザイ　汗もさわやか ♪

〈方法〉

　片手は，地面のようなイメージでしっかりと足のうらにつけておき，ひざをしっかりと曲げさせる。

　かかとを意識して蹴るようにさせる（キック）。

　キックで足が伸びたら，ひざの前側を軽く絞り込むようにしてしっかりと伸ばし，かかとから頭部の方へ圧を加え，立っているときの重力のような感覚を味わわせる。

　自分でやっているような感じの動きが誘導できるとよい。

　2回ぐらいキックをする。

3 ふれっ手体操

※全体を2回繰り返す

(1)「ふれっ手体操」について

　手は,「第二の脳(外に出た脳)である」といわれるように,人間にとってきわめて重要な働きをしています。手のひら・手の指の腹側は,感覚受容器がもっとも密集している場所であり,外界からのたくさんの情報をしっかりとキャッチするところです。それを脳へ伝達し,他からの情報と統合して認識するとともに,そこからの指令によって複椎な手の運動や動作を行っていきます。

　この体操は,手のひら・手の指の腹側などの感覚受容器が密集しているところをていねいにぴったりとふれたり,タッピングすることによって明確化し,そこをめやすとして腰から背筋,首から肩を経てひじ,手首,手のひら,小指側とつながる身体のうしろ側(背側)の身体感覚と,下腹部,みぞおち,胸骨と鎖骨部,腕のつけ根,ひじの内側,手首の内側,親指側とつながる身体の前側(腹側)の身体感覚を明確に体験させることにより,ボディ・マップや身体像(ボディ・イメージ)をしっかりと認識することを大切なねらいとして行います。

　さらに,この体幹と上肢とのつながりをもとにして,上肢がゆったりとゆれる感覚と自分の手で自分の身体にふれることを体験します。自分の手で自分の身体の感覚を確認するのは,手にとっても身体にとってもとてもよい相互的な学習になります。

　この体操によって上体のリラクセーションを図ることができるとともに,呼吸を深くゆったりと保つことができます。それは,楽な座位や立位などの姿勢といろいろな動作の基盤を作ることにもなります。

　「ふれっ手体操」は,実は,手だけの体操ではなく,支えるために使う背筋とリラックスして呼吸する腹や胸と自由に動かす手との関係をボディ・マップとして明確に学習できるものになっています。

　手の体操を作ろうと試行錯誤しながら子どもたちと取り組んでいくうちに,初めは手の部分だけだったのが,肩からつながる腕と手になり,それでも足りなくて腰や腹からのつながりで作ることになりました。このように変わってきたのは,実際に子どもたちとの実践を通じてできてきたものだからです。体幹の支持性が乏しく,介助でやっと座位がとれる子どもたちや,何とか一人で座位がとれる子どもたちから教えられたわけです。そのような子どもたちは手を体幹に引きつけてしまっていることが多く,手を体幹から遠くへ伸ばすことが苦手でした。この子どもたちに何とか手を伸ばすイメージをわかりやすく学んでほしいと思って試行錯誤してきた結果,やはり体幹とのつながりがわかってはじめて手が伸ばせることが確認できました。(これは,体

幹を支持するための主動作筋である脊柱(せきちゅう)起立筋をしっかり働かせることができないために，代償的に広背筋などの背中の筋肉も使って支えることになり，その結果として広背筋からつながる腕の筋肉まで関連緊張させてしまい，腕が体幹に引きつけられていたと考えることができます。したがって脊柱起立筋部（背筋）の意識化と上肢の意識化により，支えるところとゆったりするところと自由に動かす手を明確に分離して意識できるようにふれていくことにより，手を楽に伸ばすという学習が可能になると考えることができます。）

　手の土台は，一般的には肩甲骨と考えられますが，より根本的な土台としての腰と背筋からなぞるようにしっかりとふれて意識化していくと，子どもたちにはとてもわかりやすいようでした。いつも伸ばしにくい手を比較的容易に伸ばすことができるようになってくるのです。

　ただし，自分で動くことができなくて，しかも体幹のイメージがきわめて希薄で，側(そく)わん傾向の著しく強い子どもの一部に，腰から手までのイメージの学習が大きな違和感になる場合がまれに見られました。体幹の支持性がきわめて乏しく，身体のイメージの偏りが激しい場合には，固定した自分の身体感覚や身体像があまりにも大きく変わってしまうことへの恐れが強いとも考えられます。このような場合は，まず腹や胸や背中のイメージをしっかり学習し，頼るべき背筋を明確にしていくことが先決です。その上でしっかりと抱っこをすることで体幹を支えてあげて（自分で支える努力をしなくてよい状態にして）から，無理のないように行うとよいでしょう。むずかしい場合は，決して無理に行わないようにしてください。

　いろいろな要素とねらいがつまった体操になったため，時間も長くなってしまいましたが，四季の変化をメロディーにのせて，女性ボーカルとバックの音響効果も巧みに，自然に身体に浸み込むような作品に仕上げました（CD）。おかげで，長さを感じさせず，飽きさせない，子どもたちの心にスッと溶け込んでいく体操曲にすることができました。

(2)「ふれっ手体操」のねらい

① 手にふれてもらうと気持ちがよいことに気づき，自分の手や手とつながっている身体の感覚を，ふれてくれる人とともに楽しむ。
② 自分の手のひらや手の指の感覚を味わいながら学習する。
③ 腰から手までつながる身体感覚を味わいながら学習する。
④ 腹から手までつながる身体感覚を味わいながら学習する。

⑤ 上肢がゆれて動く感覚を楽しみながら学習する。

⑥ 自分の手で自分の身体にふれていくことにより，自己身体感覚に気づき，ボディ・マップを明確にする。

(3)「ふれっ手体操」の対象

① 上肢と体幹のつながりが不明確で，体幹をしっかりと保持することがむずかしく，手を引き込んでしまったり，突っ張ってしまったりしてうまく手を動かすことがむずかしい子どもたちにとくに有効です。

② 立位や歩行が可能な子どもでも，肩や首やのどなどに力を入れていたり，手のひらや手の指の感覚的な受け入れが乏しい子どもには有効です。

③ 自分で姿勢を変えたり動くことがむずかしい重症児には，リラックスを図り，呼吸を深くし，血行をよくして健康を増進するために役立ちます。また，認知面にもよい影響を与えます。

④ 多動の子どもたちとのかかわりを深める一つの窓口としても有効です。手のひらや手の指はとくに有効で，初めは嫌がることもありますが，次第に自分の手の感覚に興味を示し始め，自分からふれてほしいと近寄ってくるようになってきた子どもがかなりいます。

⑤ 年齢的には幅広く使えます。

(4)「ふれっ手体操」の留意点

① この体操は，できるだけやり方をよく知っている人に直接教えてもらって実施することをお勧めします。

② ふれられるのを嫌がったり，違和感を訴えるような場合は，けっして無理に押しつけないようにしてください。身体像（ボディ・イメージ）が変えられてしまうことは，とても耐えられないようなつらい感覚をともなうことがあります。表情をよく見て，話しかけ歌いかけながら，楽しく行うことが何よりも重要です。

③ もっとも安定した姿勢で行ってください。「手と腰」にふれるところは，お互いが楽にできるような位置関係と姿勢を工夫してください。側臥位や座位は一般的には行いやすい姿勢です。

④ 他の体操に比べで慣れるのに時間を要しますが，繰り返すことによって身についていきます。しっかりと身につけ，歌詞やメロディー，効果音などを楽しみながら子どもとゆったりふれあえるようになると，大きな効果が期待できます。

第4章 「ふれあい体操」の実際

⑤ 「ふれっ手体操」は時間がやや長いので,手を使う授業の準備体操として,手のひらと手の指だけの体操や,手のひら・手の指と肩から手までのつながりの体操で,もう少し簡単にできるものが必要と考えています。しかし,この部分については,昔からいろいろな手あそび歌が作られて子どもたちの自然なあそびとして伝えられていますし,特別支援学校の現場でも先生方がいろいろな歌を作って取り組んでいます。是非,子どもに合わせて,その子の手あそび体操などを作ってみてください。

(5)「ふれっ手体操」の実際

① 手部の包み込みと握手

〈歌いかけ〉

> ── P.64-65の楽譜・① ──♪
> 田んぼに れんげの じゅうたんが広がる
> 春の風 流れて

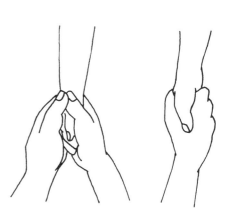

〈方法〉

手部全体を自然に(握っていたらそのまま)両手で包み込む。

握手をして,手のひら面を意識させる。(握っていて握手ができない場合は,指一本でも手のひら面にふれればよい。)

② 手の指と指の間の意識づけ

〈歌いかけ〉

> ── P.64-65の楽譜・② ──♪
> あ みつばち ブーンブン
> あ ちょうちょが ひらーりひら
> かえるが ピョンピョンピョンピョンピョン
> もぐらが モコモコモコモコポン
> ね みんなが 出てきたよ

〈方法〉

　手の指の腹側をぴったりと包み込んで意識させ，指先へとつまむようにして上っていく。次に，指先をくるくる回してしっかりとした感覚を味わわせ，ぱっと飛ぶような感じで放つ。

　そのあとで，指の間を軽くつまむようにして意識させる。

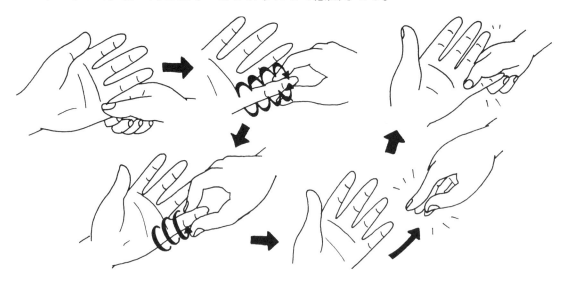

③　手のひらの意識づけ（タッピング）

〈歌いかけ〉

> P.64-65の楽譜・③
> 南風が　ふいている
> せみの声が　流れてる
> 夏だ

〈方法〉

　手のひらの指の根っこのところ，小指側，親指側，手根部（手のかかと），手のひら全体を順にタッピングしていく。

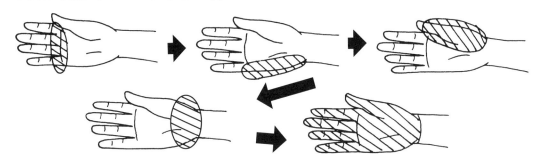

第4章 「ふれあい体操」の実際

④ 親指と他の指を分けてぴったりと挟み込み（サンドイッチ）

〈歌いかけ〉

P.64-65の楽譜・④
さあ行こう　山　さあ行こう　海 ♪

〈方法〉

小指側の四本の指と手のひらを，両手でサンドイッチ状に挟み込む。

手の甲側を包んだ手をはなして，親指とその根元までを包み込む。
親指と他の4指を分けて，ぴったりとした接地感を感じ取らせる。
そのあと握手をしっかりする。

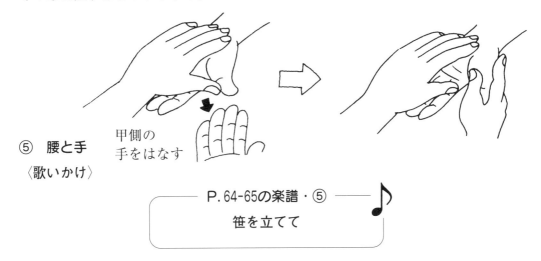

⑤ 腰と手

〈歌いかけ〉

P.64-65の楽譜・⑤
笹を立てて ♪

〈方法〉

片手は，しっかりと握手して手のひらを意識づけながら，もう一方の手で腰のところ（腰椎部）を受けとめるようにふれる。

その際，あらかじめ子どもに応じてふれやすい位置や姿勢を考えておくとスムーズにできる。

また，急に手から離れた場所にふれるので，びっくりしないように言葉をかけ，ゆっくり姿勢を変えるなど安心できるように配慮する。

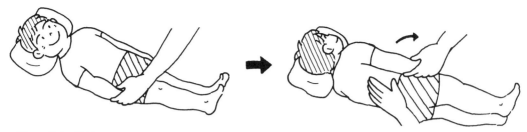

⑥ 手と背筋
〈歌いかけ〉

> P.64-65の楽譜・⑥ ♪
> たなばたまつり

〈方法〉

片手は，しっかりと握手して手のひらを意識づけながら，もう一方の手で背筋を下から上へと4回ぐらいに分けて意識づけながらふれていく。

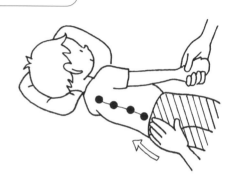

⑦ 手と首，肩，ひじ，手首，小指側，握手
〈歌いかけ〉

> P.64-65の楽譜・⑦ ♪
> たんざく　ゆれてる
> 願いが　とどくかな
> 花火　遠くで鳴る

〈方法〉

片手は，しっかりと握手して手のひらを意識づけながら，もう一方の手で首のうしろ，肩（三角筋部），ひじ，手首のうしろ側，手の小指側をポイントとしてぴったりふれながらなぞっていく。最後に両手で子どもの手を挟むように握手する。

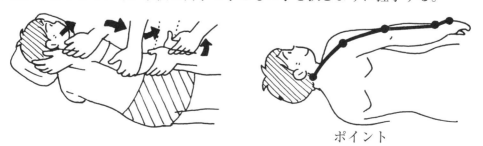

ポイント

⑧ 手と身体の前側とのつながり

〈歌いかけ〉

> ── P.64-65の楽譜・⑧ ──♪
> 秋風ふいて　とんぼが飛んで
> もみじが赤い　青空高いな
> コスモスゆれて　稲穂がゆれて
> きんもくせいが香る道を帰ろう

〈方法〉

　片手は，手のひらをしっかりと握手して意識づけながら，もう一方の手で下腹，みぞおち，胸（胸骨から鎖骨あたり），肩の前側，ひじの内側，手首の内側，手の親指側をポイントとしてぴったりとふれて意識させながらなぞっていく。最後に両手で子どもの手を挟むように握手する。

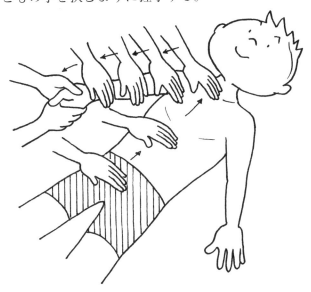
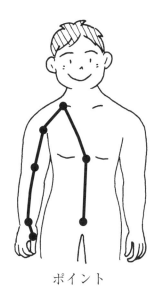

ポイント

⑨ 手のゆらし

〈歌いかけ〉

> ── P.64-65の楽譜・⑨ ──♪
> 北風ふいてきた　小雪が舞いおりる
> まっ白な小雪が　あたり一面に

〈方法〉

片手でしっかりと握手しながら，もう一方の手でひじを支えるようにしてひじから先をわずかにゆらす。無理のないように注意しながら，横ゆれを行う。回転などをしてみてもよい。

片手でしっかりと握手しながら，もう一方の手で肩甲骨を支えるようにして腕全体をゆらす。無理のないように注意しながら，わずかに手を引きつつ横ゆれをする。

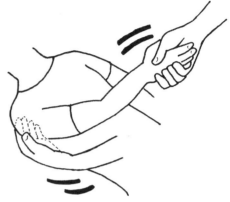

⑩　手のひらで自分の身体にふれる

〈歌いかけ〉

P.64-65の楽譜・⑩
公園につもるよ　森にもつもるよ ♪

〈方法〉

腕を軽くゆらしたあとで，子ども自身の身体の一部（腹，胸，ほほ，頭，ひざなど）にぴったりとふれさせ，その感覚を味わわせる。場所によっては嫌がる場合もあるので，その子どもに応じて無理のないようにふれさせる。

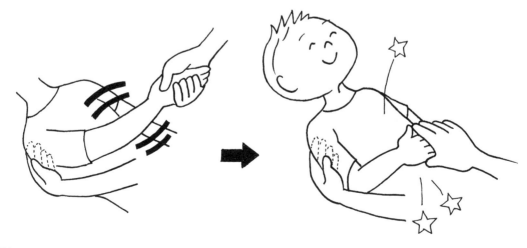

4　変装しよう〜顔あそび体操〜

(1)「変装しよう〜顔あそび体操〜」について

　障がいの重い子どもたちの多くは，顔にふれられるのが苦手です。また，表情の変化の乏しい子が多くいます。顔は，口，目，鼻，耳と感覚の受容器がそろう大事な情報の入り口でもあります。その皮膚は，手のひらや足のうらと同じように大切な感覚受容器としての役割を担っています。外界の暖かさや冷たさ，風の心地よさ，物にふれた感触などきわめて敏感にその情報を受けとめています。

　しかし，障がいの重い子どもたちの多くは，自分で顔を動かしたり，顔にふれたりすることがむずかしいことから，顔での感覚的な経験が乏しくなる傾向があります。このため，手のひらや足のうらと同様に，感覚器官としての顔が過敏で，そこから外界の情報を正しく受けとめることができていません。したがって，外界に合わせて顔の筋肉群を協調的に使うことが一層困難になっています。障がいからくる直接的な影響が大きい場合もありますが，それに輪をかけているのは，生まれてから今までの感覚経験の不足です。学習という観点からとらえれば，未学習であり，さらに誤学習している場合も見られます。（誤学習の例として，口唇の感覚がはっきりせず，口を閉じるために咬筋部に異常な力を入れてしまっているなどがあります。）

　顔の筋肉群の協調的な動きの困難さは頭部の動作の自由をも妨げ，首のうしろなどの特定のところに強く力を入れて頭の重さを支えてしまう要因の一つになっています。

　また，生きていくのにもっとも重要な呼吸や摂食の際にも必要な筋肉群をうまく使えないために，呼吸が浅くなったり，上手に食べることが困難になったりしています。他にも，上唇の感覚がはっきりせず，うまく閉じることができないために誤嚥（あやまって気管内に食物が入ってしまうこと）するなど，生活していく上での大変な問題を引き起こしています。

　さらに，顔の表情筋と呼ばれる筋肉群が働きづらいために，感情を表情で豊かに表すことがむずかしくなってしまっています。いつも同じような笑顔しか見せられなかったり，能面のような顔で笑ったところを見せたことがなかった子どもが，顔にたくさんふれてもらうことにより，少しずつ表情が豊かになっていった例はよくあります。

　この体操は，子どもたちの心に働きかけながら，直接顔にふれるあそびを通して心を表情として豊かに表せるようになってほしいと願って作りました。

(2)「変装しよう〜顔あそび体操〜」のねらい

　①　歌に合わせて顔にふれてもらうあそびにより，楽しくやりとりをする。

② 顔のいろいろな部位の感覚に気づき，安心してふれあえるようにする。
③ ふれてもらう手に頭の重さをあずけていけるようにする。
④ 自然に感情をともなった表情を出せるようにする。

(3)「変装しよう～顔あそび体操～」の対象

① 自分で意識的に顔にふれることがむずかしい子どもは，まわりの人が意識してたくさんふれてあげることが必要です。その一つのやり方としてご活用ください。
② 小学生を対象に考えて作りました。幼児にも有効です。高校生以上には，生活年齢に見合った歌詞や曲で行うほうがよいでしょう。

(4)「変装しよう～顔あそび体操～」の留意点

① 顔にふれられるのが苦手な子どもには，無理に行わないでください。生活の中で自然にできることから始めましょう。風呂で顔を洗ったり，顔を拭くときに意識的にしっかりと拭くことから始めたほうがよいと思います。
② 直接他人の手でふれられるのは嫌でも，自分の手なら比較的受け入れやすい場合があります。また，やわらかい布だと平気な子もいます。まず，受け入れやすい素材のものや受け入れやすいやりほうから始めるよう工夫をしてみてください。
③ 歌いかけながら，楽しい雰囲気で行うようにしてください。慣れてきたら，カラオケ版を活用して，生の声で行うのもよいでしょう。また，CDの速さに無理に合わせずに，子どもの受け入れ具合などをよく見ながら，子どものペースで，CDを使わないで直接歌いかけながら行うほうがよい場合もあります。

(5)「変装しよう～顔あそび体操～」の実際

① 首のまわり

〈歌いかけ〉

―― P.75の楽譜・① ――♪
まっ赤なマフラー　しっかりまいて

〈方法〉

手のひらで首のまわりをマフラーで温めるように包む。
首のまわりにふれられるのが苦手な子どもには，胸の上（鎖骨あたり）か肩の周辺を包むようにふれる。

② 頭のまわり

〈歌いかけ〉

> P.75の楽譜・②
> ぼうしを深く　かぶってね ♪

〈方法〉

両手のひらで大きく頭を包み込む。
両側や前後をぴったりとふれるように包むとよい。

③ 側頭部から耳の前

〈歌いかけ〉

> P.75の楽譜・③
> ヘッドホンつけて　なに聞こう ♪

〈方法〉

両手のひらで，耳の前あたりから側頭部にかけて，左右一緒にぴったりと大きくはさむように包み込む。(耳には直接ふれないほうがよい。)

④ ほほ

〈歌いかけ〉

> P.75の楽譜・④
> ほっぺに　うずまき　かいちゃって ♪

〈方法〉

下あごから上あご，ほほのあたりまで，両手で温めるようにはさんで包み込む。(親指が鼻の横にぴったりふれるとよい。)

⑤ 下あごの包み込みと鼻の下

〈歌いかけ〉

> P.75の楽譜・⑤
> あごひげ　つけよか　とっちゃおか
> 鼻の下　ちょびひげ　えらいもんだ ♪

第4章 「ふれあい体操」の実際

〈方法〉
　下唇の下側にあごひげのイメージで，下あごを片手でしっかりと包むようにふれる。

　鼻の下に，もう一方の手の指で，鼻の下のチョビひげのイメージでぴったりとふれる。

⑥　ポーズ
〈歌いかけ〉

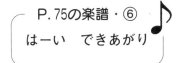

P.75の楽譜・⑥
はーい　できあがり

〈方法〉
　「怪獣だー！」「パンダだよ！」などと，手をまわしたり，ふったり，頭をまわしたりして，楽しいポーズをとる。

⑦　ほおづえ
〈歌いかけ〉

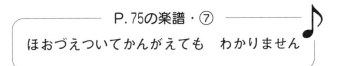

P.75の楽譜・⑦
ほおづえついてかんがえても　わかりません

〈方法〉
　両手でほおづえをつくようなイメージで顔を支えてあげてから，ゆっくりと左右へゆらす。

79

⑧　ここまでを，もう一度繰り返す。

〈歌いかけ〉

───── P.75の楽譜・⑧ ─────♪
まっ赤なマフラー　しっかりまいて
ぼうしを深く　かぶってね
ヘッドホンつけて　なに聞こう
ほっぺに　うずまき　かいちゃって
あごひげ　つけよか　とっちゃおか
鼻の下　ちょびひげ　えらいもんだ
はーい　できあがり
ほおづえついてかんがえても
わかりません

〈方法〉

　メロディーが変わるが，①～⑦までの方法は同じように行う。

5 「ふれあい体操」の使い方
（自立活動との関連）

　「ふれあい体操」を授業で取り上げるとします。さあ，あなたは，目の前のお子さんと何を目的として「ふれあい体操」を行うのでしょうか。単純な質問ですが，「ふれあい体操」に限らず，何を取り上げるにあたっても目的があるはずです。それがわかっていて取り組むのと，何となく取り組むのでは意味が違ってきます。何のために「ふれあい体操」をしているのか，今（今日は）何をしようと考えた上で「ふれあい体操」をしているのか。そして，このあとどんな活動につなげていくのかが，最初におさえられていなければなりません。

　そのためには，「ふれあい体操」でねらえるものは何かを知っておく必要があります。特別支援学校の職員であれば，自立活動の6区分，27項目で考えられるとよいと思います。学校関係以外の方やお母さん方には，多少わかりにくいところがあるかもしれませんが，自立活動での6区分と27項目とは，平成29年から順次幼稚部から実施された新しい学習指導要領の「第6章　自立活動の内容」の中に示されているものです。6区分は「健康の保持」「心理的な安定」「人間関係の形成」「環境の把握」「身体の動き」「コミュニケーション」であり，それぞれの下に合計27の具体的な項目が示されています。

　この6区分，27項目は，特別支援学校の教育の領域を示す非常に大切なものです。人間として当たり前に生活していく上で大切なものであり，かつ障害があるがゆえにあえてピックアップする形で設定されたものとお考えください。

　ここでは，ねらいに応じた「ふれあい体操」の使い方と，実施する際に意識するとよい自立活動の区分と内容（6区分，27項目から抜き出したもの）を，あわせてご紹介します。

　なお，ここでいう「使い方」とは，あるねらいを持って「ふれあい体操」を行う際に，ポイントとしておさえるとよい部分をまとめたものです。どれか一つの使い方をする，という考え方ではなく，どの使い方も大切であり，それぞれで十分活用されればよいという意味でとらえてください。

(1) 歌のイメージを共有する使い方

　まず歌を歌うようにしましょう。しかし，歌詞にこだわらず，ハミングでも口ずさ

> 自立活動の区分に関連する内容
> 【心理的な安定】
> ・情緒の安定
> 【コミュニケーション】
> ・コミュニケーションの基礎能力

みでもよいので歌いかけましょう。そのためにはCDにある歌詞つきのものを使うことをおすすめします。子どもたちと楽しく歌えるようになってください。

　<u>歌がわかってきたら、カラオケや生歌でも楽しめるようにしていきましょう。</u>個人や集団のハーモニーはすばらしいものです。子どもは安らぎを感じるはずです。

　歌を歌うということは、まわりの先生の目を気にしたり、受けをねらったりしてすることではありません。歌に自信が持てなくても、「いつも君と一緒にいるよ」という大切なメッセージになります。ここで大事なのは、歌や音楽によって直接目の前のお子さんとやりとりをしているという事実であり、それは何より子どもの心を落ち着かせることになります。

　歌を通して子どもと楽しさが共有できることはすばらしいことです。コミュニケーションの発達において「共有する」ことはとても大切で、そこでの「共感」する体験の積み重ねが発達につながります。

(2) 身体像（ボディ・イメージ）を共有する使い方

> 自立活動の区分に関連する内容
> 【環境の把握】
> ・保有する感覚の活用
> ・感覚，認知の特性への理解対応
> ・感覚の総合的活用による周囲状況の把握
> ・認知・行動の手掛かり概念の形成
> 【身体の動き】
> ・姿勢，運動，動作の基本技能
> ・日常生活に必要な基本動作
> 【健康の保持】
> ・生活のリズム，生活習慣の形成
> ・身体各部の状態理解，養護
> ・健康状態の維持・改善

　ふれ方のポイントを把握して、身体像（ボディ・イメージ）を共有しましょう。この本の中でしっかり説明してある内容です。

　ふれることと歌いかけを合わせること、すなわち「触覚」と「聴覚」の統合です。音楽は、聴覚から自律神経系に働きかけていきます。同じ「ふれる」でも「歌を歌いながらふれる」ことに意味があります。

　<u>音楽の特性として、心理的な効用があります。</u>歌は本人の、「時間」と「記憶」にかかわります。その音楽とふれあいを通してお子さんと共有する時間を大切にしようとしているあなたに対し、お子さんは全神経を集中してかかわろうとし始めるはずです。そして、「これが足なんだよ」「そうか、ここの力をゆったりできたら、

腰の力は入れなくてもいいんだね」「ゆったりと息をすればいいんだね」といったやりとりが生まれ，お子さんは自分の身体について，それまでとは違うイメージを持てるようになるのです。

こうして統合された感覚は，続けることにより強烈なイメージとして定着され，やがて生活につながっていく基礎になります。

(3) 子どもに合わせて対応する使い方

> 自立活動の区分に関連する内容
> 【コミュニケーション】
> ・コミュニケーションの基礎能力
> ・言語の受容と表出
> ・状況に応じたコミュニケーション
> 【人間関係の形成】
> ・他者との関わりの基礎
> ・他者の意図，感情の理解
> ・自己の理解と行動の調整
> 【心理的な安定】
> ・情緒の安定
> ・状況理解，変化への対応
> ・障害に基づく学習，生活上の困難を改善，克服する意欲の向上

以上の二つの使い方を経て，さらに大切なこととして，「子どもに対応してこちらを変える」ということがあげられます。何でもそうですが，単純に音楽に合わせてメニューを淡々とこなすのみでは，まったく意味が変わってきます。

「ふれあい体操」に限らず，「この形でないといけない」と思い込んでしまうと危険です。相手に合わせて変えられることこそ，もっとも大切なことです。そのために今までの研修会でも温められてきたことにふれていきたいと思います。

① 音楽（CD）を使うか生歌でやるかは，子どもやチームと相談して決めてください。

② グループでやる場合は，リーダーが全体によく目を配ってください。個人で行うのと違い，グループで行う場合は省略したり，飛ばさざるを得なかったりすることがあるでしょう。でも，何を大事にしてグループでやるかが明確になっていればよいことです。雰囲気を大切にし，できる限りスピード調整をするなど，工夫しましょう。

③ 必要な部分は「繰り返し」「強調して」，「ゆったり」行い，場合によっては音楽（歌）を止めましょう。また，「ささやく声」の方が有効であったり，場合によっては「大きく元気な声」がよかったりします。「ふれあい体操」を「部分だけ」で使うこともおおいにOKです。「じらして」提示することも，発達的に揺さぶりを与えます。とにかく，子どもがどう感じているかを鋭く察知し，一緒に感覚を共有しましょう。子どもにふれている手から，また呼吸，目，緊張の様子からでも何かを受け取ったら，すぐバリエーション豊かに対応しましょう。

④　場合によってはハプニングもあります。その日の子どもの調子もあります。<u>臨機応変に対応</u>できるとよいと思います。
⑤　<u>始めるとき，終わるときは声かけを大切に</u>。始めと終わりを意識できることはとても大切で，「待つ」という「自我」につながり，発達的にも大きな意味を持っています。「さあ，始めるよ」「これで終わります」とともに，「間奏」の間，「後奏」の余韻を大切にできるとすばらしいです。
⑥　<u>ふれあい体操を行っているときは，他の話題を話すことがないように</u>。どうしても話さなければならないときは，エチケットを守りましょう。

※その他，配慮したほうがよいこと
◎CDを使う場合は，音量のメモリに気をつけ，Fade in, Fade outを心がけましょう。突然音楽が大音量で始まると，子どもはそれだけで，それ以後も拒否反応を持つようになってしまいます。また終わるときも突然消さないように。歌を歌う場合にも共通します。なお，CDの音楽が大好きな子だからといって，こちら側が黙ったりしないように。バックで必ず歌ってください。
◎既成の歌詞もよいですが，その子との替え歌にしてください。大切な時間となるはずです。
◎はじめて使うときから，1週間，1カ月と記録を取ると，何か大切なことに気づかされるかもしれません。

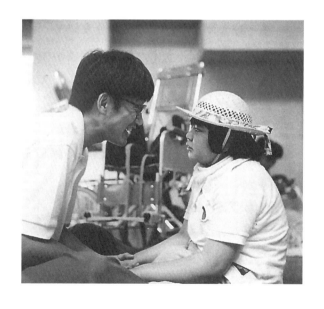

第 5 章

「ふれあい体操」成立の経過と制作者の思い

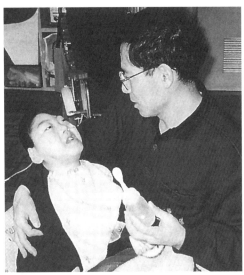

1 「ふれあい体操」の誕生　　武井弘幸

　「ふれあい体操」で一番大切なのは，これを使う「私」と「子ども」との間に芽生える，「共感しながら創り上げていく過程」です。その中で楽しみながら「私」を意識してくれるといいな，自分の身体をわかってくれるといいな，と思います。

　「ふれる」と「歌いかける」ふれあい体操ですが，あえてここで「歌」「音楽」の部分をクローズアップし，自分の歩んできたことから見つめてみようと思います。

　音楽は赤ちゃんからお年寄りまで，誰でも歌い，聴き，ときには演奏します。特定の上手な人だけのものではなく，本来誰もが気軽に楽しむ権利を持っています。ちょうどスポーツが，うまい人や強い人だけが楽しむものではないのと同じです。

気がついたらいつも音楽が

　母は私の幼少の頃からいつも台所仕事をしながら歌を口ずさんでいました。父も尺八やハーモニカを巧みに演奏し歌も大好きでした。私は学生時代，俗にいうフォークソングにはまり「コード」の記号を頼りに，ギターやピアノで自在に音楽の世界に遊ぶことを知りました。

　そして大学で所属した劇団サークル。ここで大きく自分の価値観が変わりました。こうでもない，ああでもないと自分の「表現」のあり方について探し，悩み，体験してきました。人にわかるように気持ちを伝えるためには自分が変わることが必要であると気づき，無意識の中で眠っていたものが，形を変え，あらゆる方法で試され，引き出されてきました。

　私にとって「音楽」と「演劇」体験は，とても大きな意味を持っていました。

　大学卒業後，初任で千葉県の知的障がい児の養護学校（現特別支援学校）に赴任しました。ある自閉症児とのかかわりを模索していた私は，彼が某アニメソングが大好きだということを知り，作業や活動ができたご褒美に少しだけその歌のフレーズを歌いました。特に印象的だったのは雑巾がけの後のこと。いつも「あっち行って！」と人を寄せ付けなかった彼が，作業後，目を輝かせながら歌を聴きにきたのです。

　次の転勤先が中学校。当時第一次校内暴力の嵐が吹き荒れた後でした。私は社会科の教員として過ごしました。ここで「合唱コンクール」という非常に文化的価値の高い行事と出会いました。年に一度の行事に音楽科教師を中心に各学級担任が熱心に指導をしていました。私も部活動を終えた後，教室のオルガンで音を出して各パートの音を覚えたり，生徒たちと朝夕の会で歌ったり

第5章 「ふれあい体操」成立の経過と制作者の思い

しました。私は最初なぜこの行事がこんなに自分を夢中にさせるのかがわかりませんでした。

発表会のステージに立つまでは涙あり，笑いあり，実にいろいろなことがありました。自分のことだけで精一杯だった生徒たちが，良い合唱にするために仲間の声に耳を傾けるようになりました。そしてハーモニーの完成に向かうと同時にクラス意識がまとまっていきました。その過程が私を熱くさせていたのです。

次の赴任先は中学校特別支援学級でした。ここでは予餞会（よせんかい）という，年に一度市内の中学障害児学級が一堂に会し合同で卒業生を送る会があり，私たちの学級は伝統的にキーボードを主体とした合奏を行ってきました。子どもたちは「音楽」が大好きでした。ジャンルにこだわらずクラッシックもポップスも演奏をしました。演奏のための大型のめくり式楽譜，キーにシールを貼るなどの形で細分化した視覚支援を行いました。情緒障がい，自閉症などといった障がい特性とは別に，個性的な性格の生徒や集団に入れない生徒など様々な人間関係の中でのアンサンブル作りは，最初混乱もありました。それでも音楽が完成されていくに従い，不思議と相手のことを受け入れる気持ちが育っていきました。

例えばこんなことがありました。ある曲を練習しているとき，どうしても自分のペースを崩さず，みんなと協調できない子がいました。演奏曲はその子が好きでリクエストしたものでした。自分のペースを崩すことに抵抗があった彼ですが，あるときみんなと同じテンポで演奏した方がきれいなアンサンブルになったことに気づきました。ハーモニーの完成は彼にとっての協調性の芽生えとなりました。

息子たちの奇跡

平成5年春。私は朝夕息子たち（当時2歳と5歳）を保育所に送迎しながら職場に通う生活をしていました。往復80分の田舎道。子どもたちは毎日ドライブ気分で喜んでいました。

私は当時千葉県で教員を続けるつもりでしたが，訳あって，愛知県の教員採用試験を受けなおすことになりました。勉強時間を確保する手立ての一つとして，通勤時間を生かして，耳から聴く勉強もしてみようと考えました。それは味気ない内容でも，カ

当時シートベルト規制なくフルフラットの車内で過ごす子どもたち

セットテープ（当時）に録音し，毎日繰り返し聴けば何とか覚えられるだろうという考えからでした。「どうせなら勉強内容のバックに音楽を録音したものを流せば，より自然と口ず

さみ覚えやすくなるのでは？」と考えました。音楽は私の好きなものばかりではなく，子どもらの楽しめるものも多めに入れようと考えました。

テープ第1号は教育法規編です。2台のテープレコーダーを使って録音をしました。

次の日からポップスとアニメ等の混じった奇妙な音楽が賑やかに車内に流れました。私は子どもたちとこれらの曲を一緒に聴いたり，歌いながら，田舎ののどかな道を走りました。

数カ月たちました。この方法は，私自身教育法規がすらすらと口から出てくるほど覚わり，「これは良い！」と第2，第3のテープを作成しました。

ところが同時にすごいことが起こりました。息子たちもすらすらと，これらの替え歌を空で歌うようになったのです。「♪こうちょうおよびきょういんが　じどうとうに　ちょうかいを　……」（学校教育法施行規則第26条）長男は楽しそうに，次男もたどたどしい言葉で元気に歌っていたのです。歌は次から次へと口から出てきました。これには本当に驚かせられ，「音楽に合わせた記憶は定着しやすい」ということを改めて感じました。

私はおかげで採用試験に受かりました。あのとき子どもたちとこの曲を歌っていたことは，当時忙しい私にとって，親子のかけがえのない時間の一つでもありました。まるで子どもたちが，父さん頑張れと応援してくれているような気持ちになっていました。音楽がつなげる「記憶」には，いろいろなものが含まれていることを実感しました。

大泣きしたＹ男

初めて肢体不自由の特別支援学校に赴任した平成7年4月。通常の中学生や知的障がいの子どもたちとかかわってきた私にとって，重度重複の子どもたちとの出会いは，非常に大きなカルチャーショックでした。教室の中には，布団に横たわっている子どもたちがいて，先生の声だけが響いていました。私は最初彼らの「硬くしている体」や「急激に起こる発作」に対し戸惑い，どこから手をつけていいのかわかりませんでした。毎回行う「水分摂取」「トイレ介助」「給食介助」の手順に追われるのみでした。スプーンやタオル，紙おむつと全て個々人の物は違い，個人によってもまったくリズムが違っていたことにも困惑しました。特に給食介助は非常に難しい技術がいると感じました。

ある日給食準備の4時間目。当時再調理は教職員が行っており，そこに手が割かれたため，最低限の職員で子どもたちに給食前の対応をしなければいけませんでした。そのときのことです。1人の男子が号泣しました。緊張の強いＹ男でした。何か急な腹痛かなにかを訴えているのかと思いました。学年の先生，養護教諭に確認してもよくわからず，様子を見ましょうということになりました。帰りに母親に確認してもわかりません。そして1週間後。同じ時間に泣くその子を

第5章 「ふれあい体操」成立の経過と制作者の思い

見て，そのときかかっていたアニメの曲が関係しているのでは？　と気づきました。人手が足りない4時間目，せめてゆったりと過ごしてほしいと日ごといろいろなアニメなどの音楽を流していたのです。そのことを母親に尋ねました。なんと彼は家でも同じ曲を「大好きで聴きながら泣いている」とおっしゃいました。

　私はあらゆる意味で恥ずかしくなってしまいました。「たとえ重度の障がいをもっていても音楽に心を動かされている」という，当たり前のことに気づかされました。障がいが重いから反応が乏しい，とこの日までの私は，一緒にやっている同僚の先生の反応を気にしたり，受けを狙ったり，全く子どもから離れたところで学校生活や授業を行っていたのです。

　またこんなこともありました。仏教講話会に出席して，「私は重度の子どもたちとどう接してよいのかわからない」と相談したことがありました。一喝「では障がいが軽いお子さんを担当していたときは本当に話ができていたのですか？」と言われたのです。このとき実践に行き詰まって八方ふさがりになっていた私は叩きのめされた気分になりました。本気で「この仕事は向かない」と転職を考えたこともありました。そんな私の背中を押してくれた仲間たちが言ってくれました。「肩肘張らず，武井さんの好きな音楽でかかわっていけば？」私は何か目が覚めたような気持ちになりました。

　音楽なら，子どもたちとも通じ合えるということを直感で感じました。うまくアイテムのように使ってかかわりあうことが可能ならば，何か道が開けてくるのではと感じたのです。

　「音楽療法」というものを知ったのもこの頃でした。「音楽」の力を使い，教育のみならず障がい児者施設，老人施設などでも広く実践され，音楽療法士の方々が取り組んでおられることを知りました。私は，今までの音楽を通した様々な体験を参考にし，その持つ不思議な力で，一緒に子どもたちに寄り添ってみようと考えたのです。

　この後私は，子どもに先入観を持たせにくいオリジナルの音楽を作り，提示することを主としていくことになりますが，いろいろな音を一緒に奏でたり，聴かせたりすることも試みました。学校教材の楽器以外にも，100均で手に入る楽器や，手作り楽器などを提示し，楽器が無ければ箱や茶わん，スプーン，挙句の果ては自分の身体を叩いて音出し（ボディパーカッション）も行いました。拍手，口笛，それらすべてを生活の中で子どもたちに，事あるごとに提示しました。そんな自然なかかわりで子どもたちは笑顔を見せてくれました。そうすることが自然だし，私に合った楽なかかわり方だったのです。

「ふれ愛リラックス体操」の誕生

　当時先駆的な実践として，奈良明日香養護学校教諭の西村圭也先生の考案された「ブラッシング体操」というものがありました。ラジオ体操や幼児向けの体操はたくさんありまし

89

が，これは「障がいの重い子どもたちへアプローチする体操」と知り衝撃を受けました。私は当時赴任校で使われていたそのカセットテープの状態がやや聴き取りにくかったので，自分なりに作り直してみようと考えました。

　子どもたちへのかかわりの糸口を探していた私は，何か光明が差したかのように作成に取り掛かったのを思い出します。このとき手にふれようとすると指を噛んで怒ったM子が念頭にありました。でも彼女は音楽が好きで喜んで体を動かす子でした。喜んでくれるかな？と制作に熱が入りました。そして初めて子どもたちに披露した日，M子はもちろんY男たちも喜んでくれ，とても嬉しかったのを覚えています。

　この後丹羽陽一との出会いがありました。彼は「子どもはどう感じているのか？」という視点から，かねてから重度の障がいをもった子どもたちが取り組める体操を作りたいという考えがありました。彼と話をする中で，自分なりに「0」から作ってみようと考えました。

初めてデモ版で自作したCDと歌を歌ってくれた息子たち

　これで子どもたちとの関係が広がっていくなら自分は頑張れる，そう思ったのでした。重度重複の子どもたちとの関係性を広げていくことは，私には未知の挑戦でした。それだけにオリジナルの曲を作るということは，自分自身のモチベーションをあげることにつながりました。

　その日から新しい「体操曲」へのチャレンジが始まりました。ゆったりとした3拍子をベースにすることは，丹羽の要望でした。私は加えてメロディを転調するなどして手・腕・足……」と部位ごとに変えることや，他に手や足を何かに喩えた遊び的な歌詞にすること，も考えました。童謡「おはなしゆびさん」，当時若貴ブームで人気だった相撲，旅行などがヒントになりました。

　しかしやはり苦労したのはメロディ作りでした。「こんな音楽で，手や足をわかってくれるだろうか？」と悶々としていました。

　ふと浮かんだメロディはふと忘れてしまいます。それで小型のテープレコーダーを常に用意し，メロディを鼻歌でメモしておきました。特に閃いたのは睡眠中で，飛び起きて鼻歌で録音しました。完成した曲は，どうしても尊敬する西村先生の「ブラッシング体操」にあやかりたい私と，「ふれあうという言葉をつけたい」丹羽とを合体させ「ふれあいブラッシング体操」としました。バージョンは四季を感じ取ってほしいと4つ作り，春（ピアノ），夏（元気なリズム），秋（ゆったりリズム），冬（ジャズ）を作成しました。基本は3拍子でしたが，夏は4拍子にしてみるなど工夫をし，季節に応じ楽しく子どもたちにも取り組んでもらいたいと思いました。この頃「ようくんの冒険（愛知・岡崎）」や「いちご体操（静岡）」「にこちゃん体操・RE-MAC（東京桐ヶ丘）」等全国には障がいのある子どもたちへの音楽による様々なアプローチがあることも知り，益々私にとっても励みとなりました。

第 5 章 「ふれあい体操」成立の経過と制作者の思い

　その後いろいろなところで使われるようになってきた「ふれあいブラッシング体操」は西村先生のものと混同されるようになってしまい，名前を現在の「ふれ愛リラックス体操」としました。静的弛緩の学習会で使う中で改良を重ね，著作第1号で，4バージョンのうち，「春」を採用しそれを正式に「ふれ愛リラックス体操」としました。

　ところが，歌詞の中で，「しゅっしゅっ」という言葉がありました。「しゅっしゅっ」は「ブラッシング体操」にあやかりたいと私武井が残した言葉でした。当初は乾布摩擦的なふれ方も許容してもよいのではと考えていました。しかし，子どもが自分のことを認識し，自分を好きになるような「ふれあい」を大切にしたいということで，歌詞を見直すことにしました。かつ私は「子どもと行いながら関係性を育みたい」というニュアンスが強かったので，それを膨らませたいという意味も込め，今回から「腕」と「脚」の部分が，「わたぼうし」「お空の雲」がふわっと浮かぶイメージのものに作りかえました。

　今回の改定に至るまで時間はかかってしまいましたが，本書で紹介した歌詞で落ちついたのは，研修会でかかわってきた子どもたちや関係者の方々から教わり，常に良い形に進化できた表れだと思います。

　SNSが発達しても，言葉は「ことだま」としても魂を宿しているものと思いますし，「オノマトペ」（擬声語）が伝える「イメージの重要さ」から学ぶように，歌詞の言葉は大切にされなければなりません。そもそもやりとりとは，相手とかかわる過程であり，だからこそ言葉を大切にし，歌を通してのやりとりで相手との関係を育みたいと思います。

その他の「ふれあい体操」

　「ふれあい体操」は「ふれ愛リラックス体操」の他，以下の3つの体操を指します。

　進行性の障がいの子どもたちに，足のイメージをいつまでも持っていてほしいという願いで制作した「ふれ足体操」。ここで私はあえて息子たちにも協力してもらうことにしました。元気に楽しく取り組める歌になるようにしました。

　次に，持つ，支えることのほか，外界を感じ取る重要なセンサーとしての「手」を整え，ゆったりとした呼吸にもつなげる「ふれっ手体操」。当初は初めて女性の先生にボーカルをお願いしました。（今回は私の娘が歌っています。）

　さらに食事を楽しくするために，遊びの中で顔周辺にふれられることに慣れる目的で作られた**「変装しよう〜顔あそび体操〜」**。私のクラスに大きな音で発作を誘引してしまったT子ちゃんがいました。彼女が唯一楽しみにしていた食事。私は彼女の口唇の過敏をとってあげたいとこの曲を考案しました。（今回はギター音で仕上げました。）

そのどれもが自分がかかわってきた子どもたちとの出会いの中から生まれました。

第1号の「ふれあい体操」が完成してから後，いろいろな体操を作る動きが武井，丹羽コンビ以外から出てきました。「からださん元気ですか体操」（村林雅子作）など，低年齢の子ども向けに，単純で楽しい歌詞とメロディの繰り返しにより，覚えやすく身体部位のイメージが自然に学習しやすい「ふれあい体操」の出現などは素晴らしいことでした。また，ある作業所の仲間からの依頼で，毎日作業に取り組む障がい者の心身の疲れを癒す「働き者のリラックス体操」（古屋周子作，古屋彰久歌，丹羽陽一構成）なども作り，活用され，成果を上げています。

一方私（武井）は年齢層の高い方たちのニーズにも応える観点から別の「ふれあい体操」を試作してきました。様々な音楽を楽しみながら体と心の勉強をしてほしいという考えから，ラップ調や演歌調，ボサノバ調などを取り入れてみました。ゆったりと眠るためのヒーリング的なものも作成しました。その中の一つで今回比較的好評でCD化を求める声が多かった「小手的冒険」を付録として掲載します。

付録「小手的冒険（シャオシュの冒険）」

これは，「ふれあい体操」の中の「ふれっ手体操」を短くした「手」の体操です。手軽に毎日行える体操を，という要望から制作しました。指がいつも動いて何かを伝えようとしていたT君や，元気にカレンダーなどを力一杯つかんでいたM君がヒントになっています。

中国では愛称を込めて「〜ちゃん」というとき，「小（シャオ）」という文字を付けるそうです。これは「手ちゃんの冒険」という意味です。中国語読みで「シャオシュ」と呼びます。少林寺拳法を極めるため，故郷を離れ道場に行き修行をし，手のイメージをはっきりさせていくシャオシュ。ラストでハッキリとした手，腕でリズムに合わせて感覚を伴いながら動きにつなげるという形になっています。

制作したのは平成10年頃で，私の次男（当時小3）と長女（当時1歳頃）が参加しています。研修会で紹介したとき好評であったものですが，始めの頃，**指導者のノリだけで子どもの手を他動的に動かしてしまい，痛めさせてしまった**ということが起こりました。制作した側としてはとても心が痛みました。しかし多くの方からCD化してほしいという要望があり，「手を痛めない」という大切な注意事項を添えて今回付録として収録しました。

当たり前のことですが，どの体操も大人のノリだけではなく，お子さんの実態に合わせて使っていただきたいと思います。イラストで紹介したものを掲載します。参考になさってください。

ご要望があれば，他の「ふれあい体操」に関しても，出版社を通して武井の方まで連絡下されば「研修会」の場で，もしくは個人的にお伝えする形でデータ等をお渡ししたいと思います。単純にもの珍しさだけで使用せず，個々人に応じた使い方をされることを切に願います。

皆さんが，お子さんの笑顔を大切にされ，心も体も広げていかれることを祈念しております。

2 重症児の子育ちを支援する「ふれあい体操」 丹羽陽一

　丹羽は，特別支援学校を1年早く退職後，仲間とともにNPO法人を立ち上げ，重症児の生活を支援する人たちやご家族を主な対象とした実践的な研修会を開催してきました。また，重症児デイサービスを2か所で運営，展開し，その活動内容の柱として「ふれあい体操」を取り入れています。重症児が少しでも楽に楽しく生活できるような子育ち支援を続けています。もう一つの活動内容の柱である「食べる力を育てる支援」の土台としても「ふれあい体操」がとても重要であることが実践を通して，重症児自身が教えてくれました。

　重症児デイサービスを始めて，7年目になりました。利用登録児は，0歳から18歳までの55名になりました。このうち医療的ケアを必要とするお子さんが29名，食事に関しての相談を希望する方が27名です。子育てに関する悩みも多いようです。

　「ミルクを飲めないので，相談にのってほしいのですが……」
　「離乳食が進まなくて困っています。」
　「噛まずに飲み込んでしまうので心配です。」

というような食事に関して悩んでいる乳幼児の親が増えています。

　また，

　「子育ての仕方がわからなくて……。吸引や注入は教えてもらったのですが……」
　「どうやって遊んだらいいのか……」
　「あまり笑わないんですよ，どうやったら笑うんでしょうか。」

など，子育て上の相談も多く寄せられています。

　近年，医療の著しい進歩とも関連して，医療的ケア児の数が増えています。医療的ケアまでは必要ないけれど，呼吸や嚥下に問題のある障がい児の数も増えています。このような，重症児に対して，医療的な介入の割合が当然大きくなります。まず医療により生命を支えることが何より優先されるのは当然です。しかし，生命が助かり医療的な措置がほぼ終わると，呼吸器をつけたままで，あるいは，酸素ボンベに頼りながら，呼吸障害や嚥下障害を伴いながらも比較的早期に退院するようになってきました。そうすると今度は，訪問看護師，訪問リハなどが毎日のように入ります。そこは生活の場であり，子育ての要素がとても重要であるにもかかわらず，治療的な看護，リハが優先されることが多いようです。子育てとしての看護，子育てとしての療法，子育てとしてのかかわりが必要な時期であるにもかかわらず，訓練と世話にあけくれて，どう子育てするのか，どう遊んだらよいのかわからなくて悩んでいるご両親が多いのではないかと思います。

　このようなご両親に，私の40年に及ぶ重症児とのかかわりから，次のようにお話しします。「どんなに障がいが重くても，生きている限り子どもは自分で育っていく力があります。そ

第 5 章 「ふれあい体操」成立の経過と制作者の思い

の力を十分に発揮できるようにはぐくみ育てていくことができるのです。応援しますから一緒に育てていきましょう。」

　そして，「ふれ愛リラックス体操」や「からださん元気ですか体操」を一緒に楽しみます。お子さんに歌いかけながら，やさしくふれながらお子さんから伝わるぬくもり，やわらかさ，あたたかさ，呼吸などを感じてもらいます。表情が変わり，動きが変わり，言葉で表現できないわが子の心の声に耳を傾け，手や目でふれるわが子からわが子の心の動きを教えてもらいます。ご両親は，物言わぬわが子のことを深く知りたい，理解したいと願って歌いかけ，ふれていきます。そこに五感を通した一方通行ではないコミュニケーションが生まれるのです。「ふれあい体操」は，このように親子関係を築いていくことができます。

　また，「ふれあい体操」やそのもとになっている静的弛緩誘導法は，全身のリラクゼーションを図るとともに呼吸の力と嚥下の力を育てることができます。全身のリラクゼーションと呼吸や嚥下は密接です（日本重症心身障害学会，日本摂食嚥下リハビリテーション学会で発表）。現在新たに試みている「舌骨山のごっくんこ」という遊び歌風の「ふれあい体操」は，閉塞性無呼吸や嚥下障害があるといわれている子どもたちに繰り返し生活の中で遊びとして続けていくと，閉塞していたのど（胸骨舌骨筋部と肩甲舌骨筋部）がひろがって呼吸の通りがよくなっていくのがわかります。唾液をのどに溜めていた何人ものお子さんがごっくんと嚥下できるようになってきています（今年度9月に日本重症心身障害学会で発表予定）。呼吸障害や嚥下障害といわれているもののすべてが中枢性のものとは言えず，学習や子育てにより育つ可能性が十分あるということが実践を通じてわかってきました。呼吸や嚥下に限らず，例えば，「顔あそび体操」を続けるうちに，表情筋が育ち，笑顔が出せるようになった子もいます。また，歯磨きが嫌いでひどい歯肉炎に悩んでいた自閉症児が，「顔あそび体操」を続けていくことにより，歯磨きも嫌がらず，歯肉炎も解消したという事例もあります。側弯や脱臼に関しても悪化させないだけではなく，その改善にも役立っているようです。その他にも，大勢の子どもたちが「ふれあい体操」とともに育ち，多くの人とふれあい，健康や心をはぐくみ育ってきました。障がいの重い子どもたちこそ，医療の支えのもとで，手厚い子育ち支援が必要です。その子育ち支援を続けていくことが呼吸や嚥下というような従来医療の範囲と考えられていたことも，生活の中で，子育ち支援として学習できる可能性があると思います。その一つの考え方と具体的な方法として「ふれあい体操」を活用していただくことができれば，開発者としてしあわせに思います。

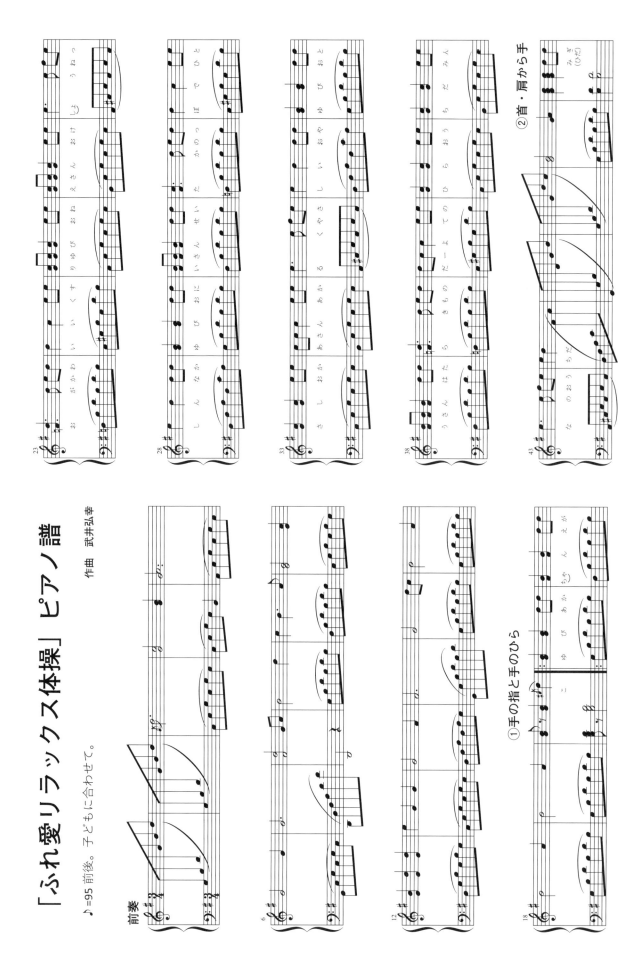

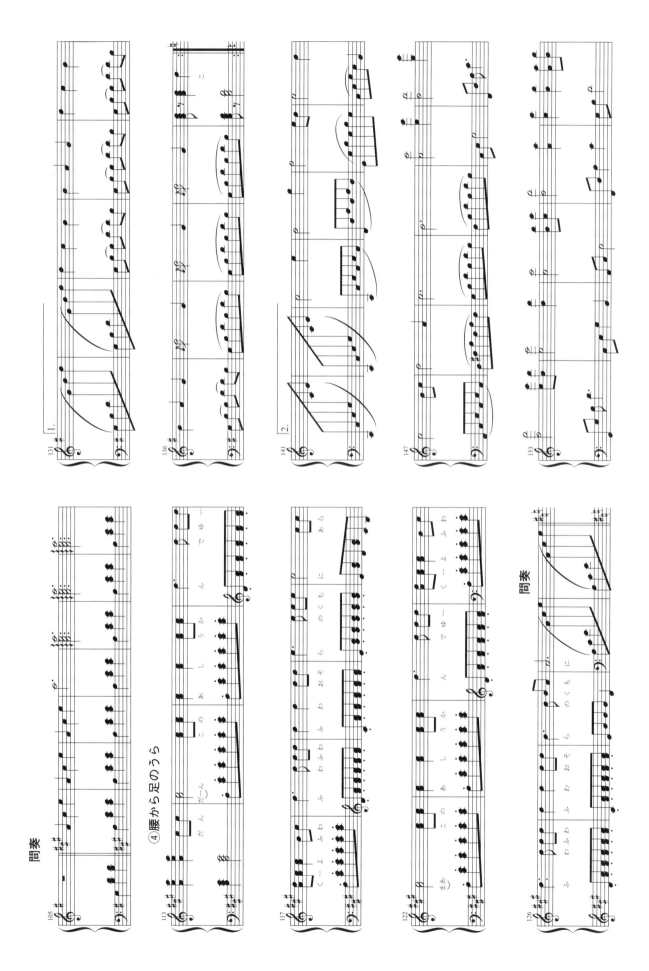

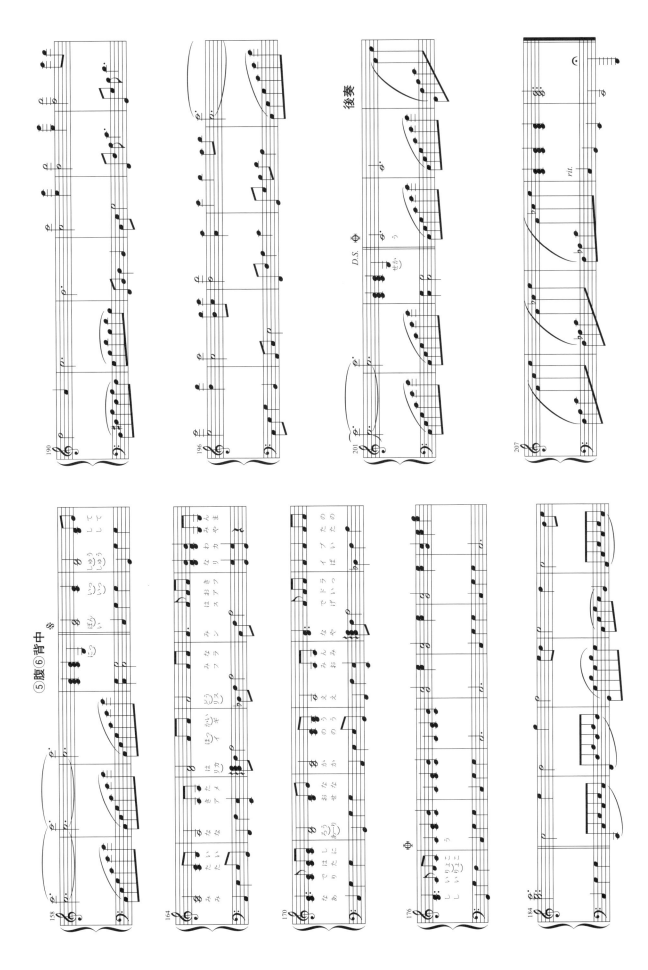

あとがき

　私たちの制作した「ふれあい体操」は，大勢の「障がいの重い」子どもたちとの実践の中で，試行錯誤を繰り返しつつでき上がってきたものです。「静的弛緩誘導法」を基礎とした考え方と「音楽」の融合によって新たに生まれたこの「ふれあい体操」の制作過程は，実は，私たち自身が思っていた以上の驚きと発見の連続であり，たくさんのことを学ばせていただきました。さらに，このような形で出版できたことを心から感謝しています。

　「障がいの重い」子どもたちにはじめて出会った人は，どのようにその子とかかわりあい，接したらよいのかととまどい，立ちすくんでしまうことさえあります。母親や家族の場合は，医療的なアドバイスを受ける機会は増えてきています。しかし，どのように子どもの心とふれあい，育ちあっていくとよいかということは，教えてもらう機会が乏しいようです。

　どんなに「障がいの重い」といわれている子どもも，生きている限り，必ず表現をしているものです。例えば，「ふれあい体操」の一つを歌いかけながらふれあっていくと，ふれていく手に，ふれられた身体をゆったりとあずけてきてくれたり，少しとまどいながら力を入れてみたり，とても身体が楽になって笑顔を浮かべたり，目が生き生きとしてきたりしてその心の言葉を伝えてくれます。そのような心の言葉を受けとめることができるようになるには，子どもたちとふれあい，五感を研ぎすませながら子どもたちの心の声に素直に耳を傾けて聴くことしかありません。

　まわりの人間が，その心の言葉をどれだけしっかりと受けとめることができ，どれだけこちらの思いを伝えて本当の意味でのやりとりをすることができるかということが，その子どもの人生を豊かなものにするかどうかを決めてしまうといってもいい過ぎではないかもしれません。

　「ふれあい体操」が「障がいの重い」子どものためになるとすれば，そのような心の言葉のやりとりをするきっかけとなり得るからでしょう。

　どうか，子どもと楽しみながらふれあい，子どもの心の言葉をしっかり受けとめてあげてください。

　最後になりましたが，この本とCDを作るにあたってご協力いただいた大勢の子どもたちやそのご両親，及び同僚の職員に心から感謝いたします。とくに，「ぶらんこ訓練の会」「名古屋療育親の会」「かざぐるま」「愛知県立港特別支援学校」「愛知県立一宮特別支援学校学習会」の子どもたちには，何度もご協力いただき，ありがとうございました。

　また，CD制作に関しては冨谷貴志先生，「ふれ愛リラックス体操」の楽譜作成に関して松原真由美先生，岡島俊江先生，匹田和美先生，総合的な楽譜チェックで音楽療法士の小島薫先生に本当にお世話になりました。「小手的冒険」では，野尻正和先生他皆様方のご協力に心より感謝申し上げます。

丹羽陽一・武井弘幸

■著者略歴
丹羽陽一
1954年2月4日　名古屋市港区で生まれる。
立命館大学法学部卒後，愛知教育大学情緒障害教育教員養成1年課程で自閉症児の遊戯療法などを学ぶ。
1979年　養護学校義務制の年に愛知県立の養護学校（病弱児対象）へ赴任。重症心身障がい児の教育に取り組む。
2000年　『障害の重い子のための「ふれあい体操」』（黎明書房）発刊。第1回「ふれあい体操実践研修会」開催。
2001年　愛知県立の養護学校の摂食コーディネーターとして，学校全体の食べる力を育てる支援の充実に取り組む。
前静的弛緩誘導法研究会愛知支部長。愛知県内各地の親子学習会（障害児の子育ての勉強会）で中心となって指導にあたる。
2010年　『改訂版　障がいの重い子のための「ふれあい体操」』（黎明書房）発刊。
2010年　『母と子の静的弛緩誘導法』（共同執筆，お茶の水書房）発刊。
2011年　NPO法人ひろがりを立ち上げ，障がいの重い子どもの子育ち，子育ての基礎作り，障がい者の豊かな生活の基盤づくりの支援，人材育成としての各種研修会の開催，重症児デイサービス事業などに取り組む。
2014年　重症児デイサービスひろがり1くみ，ひろがり2くみで，重症児との実践を続けながら，各種研修事業，研究事業に取り組んでいる。ふれあい体操，摂食指導，静的弛緩誘導法などについて，各地で講師として活躍している。全国重症児デイサービスネットワーク役員。

武井弘幸
1957年1月12日　愛知県一宮市で生まれる。
日本福祉大学福祉学部卒業，玉川大学通信教育学部で学ぶ。演劇の教育的効用に関心を持つ。
1980年　千葉市立の特別支援学校（知的障がい児対象）に赴任。自作教具作りに興味を持つ。学級通信で連載していた，実践を題材にした4コマ漫画『たつのこししのこ』を自費出版。
1984年　千葉市の中学校に赴任。社会科で漫画を使った板書をしたり，オルガン等で演奏したりする授業を行う。合唱コンクールに強い感銘を受ける。
1988年　千葉市立の中学校（障がい児学級）へ赴任。通常クラスの生徒と共に「交流部」を創設。校内，地域ボランティア活動などを実践。
1995年～2011年　愛知県の特別支援学校（肢体不自由児対象）2校に勤務。重度重複児童との出会いから，音楽を教育実践に生かすことを決心。
2000年　『障害の重い子のための「ふれあい体操」』（黎明書房）発刊。第1回「ふれあい体操実践研修会」開催。これ以降丹羽のNPO法人と共に開催，現在に至る。
2010年　『改訂版　障がいの重い子のための「ふれあい体操」』（黎明書房）発刊。
2011年～2017年　愛知県立の特別支援学校（知的障がい児対象）勤務。自作音楽とは別に，子どもたちや同僚の先生方と音楽を制作し，授業に活用する活動に取り組む。
2017年　退職。
現在も遊び，授業実践などで使える歌を児童，生徒，同僚の教師らと共に制作，発表する活動に取り組む。他著に『特別支援教育の授業を「歌で盛り上げよう！」』（黎明書房）等。

＊イラスト：中村美保，伊東美貴

3訂版　障がいの重い子のための「ふれあい体操」

2019年8月1日　初版発行
2024年12月25日　3刷発行

著　者　丹羽陽一・武井弘幸
発行者　武馬久仁裕
印　刷　藤原印刷株式会社
製　本　協栄製本工業株式会社

発行所　　株式会社　黎明書房

〒460-0002 名古屋市中区丸の内3-6-27　EBSビル
☎052-962-3045　FAX052-951-9065　振替・00880-1-59001
〒101-0047 東京連絡所・千代田区内神田1-12-12　美土代ビル6階
☎03-3268-3470

落丁本・乱丁本はお取替します。　　　　　ISBN978-4-654-02316-5
© Y. Niwa & H. Takei 2019, Printed in Japan

特別支援教育の授業を 「歌で盛り上げよう！」 ―歌入りCD・カラオケCD付き B5・83頁　3000円	武井弘幸著　小島薫協力　特別支援教育＆遊びシリーズ④／学習活動を行う前や活動中に歌ったり，BGMとして使える，著者オリジナルの31曲を紹介。附属CDですぐできる。
発達障害のある子の 楽しいイキイキたいそう B5・98頁　2400円	金子直由著　発達障害のある子どもが音楽を通して楽しくできるイキイキたいそう32曲を楽譜とイラストを交え紹介。附属CDで，発達支援の音楽遊びがすぐに実践できる。
実践をふまえた現場に役立つ 特別支援教育の授業案づくり B5・112頁　2200円	太田正己監修　高橋章二他編著　特別支援学校の小・中・高等部の8実践をふまえた，現場にすぐ役立つ授業案づくりの手順を丁寧かつ明快に解説。授業案の推敲過程がよくわかる。
発達に遅れのある子どもの 心おどる土粘土の授業 ―徹底的な授業分析を通して B5・143頁（モノクロ口絵8頁）　2800円	成田孝著　自らの授業の徹底的な分析を通して，造形教育における「土粘土」の有効性を明確にして，教師の支援法，評価のあり方等を具体的に提案。
特別支援学級の教師の新たな学びの姿 ポジティブ行動支援研修 ―子どもも教師も伸びる！自立活動の充実に向けて A5・86頁　1800円	林知代監修　山川直孝著　特別支援教育における自立活動の更なる向上のための「ポジティブ行動支援」の考え方と，教師の資質向上をはかる校内研修の進め方を詳述。
名言に学ぶ自閉症スペクトラムの 理解と支援 ―TEACCHプログラムを学ぶあなたへ A5・185頁　2000円	鈴木久一郎著　自閉症の子育てをする保護者の方々，自閉症に携わっている方，自閉症やTEACCHを学ぼうとしている方の手助けとなる名言70を厳選して解説とともに紹介。
増補・改訂　発達に心配りを 必要とする子の育て方 A5・253頁　2900円	松田ちから著　乳幼児期からの，神経発達症（発達障がい）の子どもの自立心を育てる言葉かけや教具の作り方などを多数紹介。同名書籍を増補・改訂。
新装版　ワークシート付き アサーショントレーニング ―自尊感情を持って自己を表現できるための30のポイント B5・97頁　2100円	田中和代著　ロールプレイを見て，ワークシートに書き込むだけで，誰もが自分らしく，アサーションスキルを身につけられる。小学生からすぐ授業に使える。同名書籍の新装版。
高機能自閉症・アスペルガー障害・ ADHD・LDの子のSSTの進め方 ―特別支援教育のためのソーシャルスキルトレーニング（SST） B5・151頁　2600円	田中和代・岩佐亜紀著　問題行動をとる子どもが，社会的に好ましい行動ができるようになり，生活しやすくなるように支援する，ゲームや絵カードを使ったSSTの実際を詳述。

表示価格は本体価格です。別途消費税がかかります。

■ホームページでは，新刊案内など，小社刊行物の詳細な情報を提供しております。「総合目録」もダウンロードできます。
http://www.reimei-shobo.com/